La collection
TOUTES LATITUDES
est dirigée par
Normand Cazelais

Du même auteur

Le Bruit, quatrième pollution du monde moderne, en collaboration, Montréal, Presses de l'Université de Montréal, Montréal, 1970.

Carte du bruit au Québec, Montréal, Revue de géographie de Montréal, 1970.

Carte de la présence amérindienne et inuit au Québec, Montréal, Perspectives, 1971.

Impressions du Québec, en collaboration avec Michel Derome, photographe, Montréal, François L. de Martigny éditeur, 1978.

Visages du Québec, Montréal, Éditions de l'Outarde, 1979.

Séjours dans les auberges du Québec, en collaboration avec Jacques Coulon, Montréal et Paris, Éditions de l'Homme, 1985.

L'Espace touristique québécois, en collaboration avec Roger Nadeau et Nil Lompré, Montréal, Éditions Téoros, 1988.

Étrangers d'ici et d'ailleurs.

Un tourisme à visage humain

chroniques

Tome I

La publication de cet ouvrage a été rendue possible grâce à l'aide financière du Conseil des Arts du Canada et du ministère des Affaires culturelles du Québec.

©
XYZ éditeur
C.P. 5247, succursale C
Montréal (Québec)
H2X 3M4

et

Normand Cazelais

Dépôt légal : 2e trimestre 1993
Bibliothèque nationale du Canada
Bibliothèque nationale du Québec
ISBN 2-89261-081-8

Distribution en librairie :
Socadis
350, boulevard Lebeau
Ville Saint-Laurent (Québec)
H4N 1W6
Téléphone (jour) : 514.331.33.00
Téléphone (soir) : 514.331.31.97
Ligne extérieure : 1.800.361.28.47
Télécopieur : 514.745.32.82
Télex : 05-826568

Conception typographique et montage : Édiscript enr.
Maquette de la couverture : Alexandre Vanasse
Photo de la couverture : Peter Stoeckl
Photo intérieure : C.P. Limited

Normand Cazelais

Étrangers
d'ici et d'ailleurs.
Un tourisme
à visage humain
chroniques

Tome I

XYZ
éditeur

Je voudrais adresser de vifs remerciements à tous ceux et celles qui m'ont apporté leur soutien et encouragement dans la préparation de ce livre et dans la rédaction des chroniques qui l'ont précédé : Michèle, ma femme et première lectrice, André Vanasse, mon éditeur et vieil ami, tout le personnel du Centre d'études du tourisme et en particulier Louis Jolin, son directeur, Marcel Samson, les collègues et les étudiants du Module de gestion et d'intervention touristique de l'Université du Québec à Montréal, Michel Côté et le Musée de la civilisation, Ariane Émond, amie et critique précieuse, les différents acteurs du tourisme international et québécois sans qui ce livre n'aurait été possible, Bernard Descôteaux, les gens du pupitre et de la rédaction du *Devoir*. Et, bien sûr, tous les fidèles de ce quotidien décidément pas comme les autres.

À Michèle.

L'homme qui voyage est toujours plus ou moins un homme qui découvre.

Daniel Boorstin,
Les Découvreurs

Avant-propos

Le tourisme, dès qu'il est devenu un phénomène de masse, a trouvé naturellement sa place dans les journaux, souvent même une place de choix. Toutes les études que l'on peut faire auprès des lecteurs de quotidiens ou de magazines montrent que ceux-ci ont un grand intérêt pour l'information touristique. Ce sont des pages auxquelles tous s'arrêtent, ne serait-ce que pour rêver, l'espace d'un instant, à un voyage qu'on fera ou pas. *Le Devoir* qui à la fin des années quatre-vingt avait mis ses chroniqueurs touristiques en vacances a vite réalisé la force de cet engouement. Au printemps 1991, la chronique touristique reprenait vie dans nos pages sous la signature de Normand Cazelais. Vous avez entre les mains une sélection de ses meilleurs textes.

Les lecteurs du *Devoir* nous ont vite pardonné cette petite escapade, heureux de retrouver sous la plume de Normand Cazelais une chronique intelligente où, semaine après semaine, on leur parlait non seulement du plaisir de voyager mais aussi des meilleures façons de voyager. Ils ont vite pris goût à ce rendez-vous hebdomadaire, sachant qu'ils y trouveraient un conseil, une réflexion ou encore une proposition qui enrichirait leur expérience de voyageurs.

En instituant cette chronique touristique, je savais que nous ne pouvions concurrencer les autres grands quotidiens qui publient chaque semaine une variété de reportages que nos modestes moyens ne nous permettaient pas d'offrir à nos lecteurs. À défaut de pouvoir réinventer la roue, il fallait faire différent.

Le pari que nous avons fait fut de nous en tenir à l'essentiel et de nous adresser d'abord au consommateur. Le voyage n'est pas qu'un rêve. Dès qu'il se réalise, le voyage devient objet de consommation et le voyageur n'est rien d'autre, somme toute, que la matière première d'une industrie dont le but premier est de générer des profits. De cela, nous ne sommes pas toujours conscients. Nos dollars nous filent pourtant entre les doigts alors que nous arpentons les uns après les autres les mêmes sentiers battus et rebattus sans en tirer toujours la satisfaction souhaitée.

S'adresser d'abord au consommateur, non pas pour l'inciter à voyager mais pour l'aider à mieux voyager, nous est apparu la meilleure façon de faire différent. Nos lecteurs voyagent beaucoup, parfois par affaires, parfois pour le plaisir, parfois pour les deux en même temps alors que l'on prolonge le voyage d'affaires pour profiter un peu de la vie. Leur parler de l'industrie du voyage, les informer des nouvelles destinations et des nouveaux produits, leur proposer des idées, leur donner un tuyau et même à l'occasion, réfléchir à la notion même de voyage me semblait la bonne façon de les aider à mieux voyager, à tirer le meilleur parti de ce moment toujours exceptionnel qu'est le voyage.

Ce n'était pas de vouloir faire différent, encore fallait-il trouver un journaliste qui saurait le faire. À cet égard, le choix de Normand Cazelais s'imposait. Tous nous le recommandèrent sans réserves. Journaliste spécialisé en tourisme qui depuis 1970 a fréquenté de nombreuses publications, celui-ci non seulement connaissait la planète dans tous ses coins et recoins, mais il connaissait aussi très bien l'industrie du voyage. Géographe de formation devenu aujourd'hui chercheur et professeur au Module de gestion et d'intervention touristique de l'Université du Québec à Montréal, il avait une conception du voyage alliant plaisir et découverte. J'avais l'impression qu'avec lui nous pourrions voir d'un autre œil des sentiers que nous avions cru rebattus, découvrir l'inconnu qui se trouve, parfois au bout du monde, mais souvent à notre porte, dans notre propre ville. L'inconnu, c'est vrai, n'est pas toujours là où on pense.

Suivez Normand Cazelais, vous verrez, vous ne serez pas déçus.

Bernard Descôteaux,
rédacteur en chef,
Le Devoir

Introduction

Et si, par l'imagination plutôt que
par la mémoire, je revoyais mon
pays [...], inversement, par la
délectation plutôt que par l'expérience, j'en étais encore à découvrir chaque jour avec des yeux
éperdus de néophyte une Italie
surnaturelle, une Italie qui n'était
pas celle des Italiens. J'avais oublié mon ancien pays et mon nouveau pays ne m'avait pas assimilé: j'étais étranger à l'un et à
l'autre.

Alexis Curvers,
Tempo di Roma

L'expérience toute personnelle, tout humaine du voyage

Le voyage est un acte personnel, très personnel. Qui puise à la fois aux valeurs de la société ambiante et dans les fibres les plus intimes de chacun.

À travers toutes les cosmogonies et croyances, le voyage a été associé à la magie, c'est-à-dire à tout ce qui permet d'expliquer l'inexplicable, de faire l'infaisable. Une façon, dans ce passage en ce monde terrestre et fini, d'atteindre l'inaccessible.

Pour ces raisons et bien d'autres, le voyage s'alimente aux rêves les plus secrets, aux aspirations les plus profondes, aux désirs les plus immédiats comme aux frayeurs et craintes les plus superficielles ou les plus enfouies. Le voyage vit de pulsions contraires : de la soif de nouveau et d'inconnu tout autant que des réserves de quitter le réseau sécurisant des habitudes quotidiennes.

Le voyage est un acte personnel. Chacun vit cette expérience à sa façon, y trouvant satisfactions et frustrations. Et aussi des réponses plus ou moins claires à ses interrogations. Car pourquoi voyager sinon pour interroger le monde et sa destinée via l'ailleurs, sinon pour confronter ses incertitudes et certitudes avec celles d'autres qui — ailleurs — vivent et pensent autrement ? Sinon s'interroger sur le sens et le déroulement de sa propre trajectoire ?

Nous vivons, tous et toutes, sur nos îles. Hors de nous-mêmes, nous sommes des touristes en errance vers les îles des autres.

Philosophes, artistes, gens de sciences et aussi géographes nous l'ont dit: avec le temps, l'espace est l'autre dimension fondamentale du monde et du genre humain.

Écoutez les conversations:

— C'est un Asiatique.

— Elle? C'est une Espagnole.

— D'où venez-vous?

— De Chicoutimi, pourquoi?

— Lui et moi avons grandi dans le même village, mais lui habitait en haut de la côte.

Des tonnes de livres plus savants les uns que les autres ont été écrits pour analyser les genres de vie et comportements des insulaires, des montagnards, des urbains, des ruraux et tutti quanti.

Des «penseurs» ont même flirté avec le déterminisme géographique pour expliquer les caractéristiques et «qualités» de divers groupes sociaux ou pour soutenir des thèses associées, par exemple, à la supériorité de certaines races ou civilisations. La consolidation des empires coloniaux européens ne fut pas étrangère à la conviction largement répandue en ce continent que le climat tempéré était beaucoup favorable à l'éclosion culturelle et civilisatrice que les climats tropicaux et équatoriaux, «trop chauds et ne pouvant qu'inciter à l'indolence». Plus près de nous, un auteur français de l'entre-deux-guerres a soutenu fort sérieusement et avec un tas de «preuves» à l'appui que «le calcaire rendait pieux» puisque, selon ses relevés, il y avait plus d'églises, de chapelles et de bâtiments analogues dans les régions de ce substrat...

L'espace et de façon plus spécifique les lieux sont des agents d'identification, de singularité. Dans son magnifique mais méconnu *Tempo di Roma*, le romancier Alexis Curvers fait parfois dire à ses personnages, «Noialtri, Italiani...», «Nous autres, Italiens...», non par supériorité ou rejet du reste du monde, mais par référence à cet espace, la botte italienne, qui a constitué le creuset original — dans tous les sens du terme — non seulement d'un peuple, mais d'une manière d'être. De ce qu'on appelle une culture.

L'essence du tourisme repose sur le déplacement des personnes, conséquemment sur la comparaison d'abord des espaces, puis des genres de vie. Tout voyageur quitte son ici pour fréquenter des ailleurs. Avec la réduction des temps de transport, la distance a maintenant moins d'importance qu'il n'y paraît : un séjour chez les Inuit du Nouveau-Québec sera plus dépaysant pour un Québécois qu'un voyage en Nouvelle-Zélande, pourtant aux antipodes.

En fait, tout ici est un ailleurs — l'ailleurs de quelqu'un d'autre. Le voyage implique un état de choc : il demande un arrachement, plus ou moins conscient, plus ou moins accepté, à l'habitude et au quotidien, à la sécurité de l'espace connu et dûment identifié, au cocon protecteur. En allant voir ailleurs, les voyageurs sont confrontés, par voie de comparaison, à d'autres conceptions du monde et conséquemment à une mise en question, sinon à une mise en doute, de leurs propres conceptions et valeurs.

Le plus troublant, c'est qu'on peut être touriste partout, même près de chez soi et pas seulement au bout du monde, aux îles Mouc-Mouc ou dans un autre ailleurs tout aussi exotique. L'exotisme est en nous, en notre capacité d'être surpris, de nous étonner, de nous émerveiller. D'être réceptif aux différences des autres espaces et de ceux et celles qui les habitent. Il est même possible d'être touriste dans sa rue...

Le voyage est une invitation au partage : partage des expériences, des étonnements, des façons de sentir et de faire. Partage aussi des espaces car, partout, il faut que les résidants acceptent de partager leurs espaces avec les visiteurs. Ce qui, nous le savons que trop, ne va pas toujours sans conflits, les visiteurs ayant tendance à s'approprier, de façon temporaire ou même permanente (comme dans le cas des résidences secondaires), des portions de ces espaces d'accueil. À posséder ailleurs un autre ici.

Étrange itinéraire que celui du voyage. On l'associe souvent, non sans raison d'ailleurs, à l'évasion, à la fuite du réel, à des valeurs exclusivement matérialistes et hédonistes. Mieux compris, il nous offre mieux. Pour paraphraser Ariane Émond qui écrivait que les vacances nous livrent de précieuses miettes d'éternité, j'ajouterais qu'il nous propose des parcelles d'univers...

Le premier réflexe de tout voyageur est de vouloir fixer dans le temps les idées, impressions et sentiments ainsi nourris. Le récit de voyages est l'une des plus anciennes formes de littérature et, si ses auteurs furent des gens de lettres, ils furent également des soldats, des navigateurs, des commerçants, des géographes, des hommes de sciences, des prêtres et missionnaires de toute allégeance.

Certains dressèrent des cartes, reportèrent sur des plans volumes et contours; d'autres sortirent leurs fusains, leurs crayons de couleurs, firent des croquis pour décrire, montrer et aussi retenir l'instant fugace. Et que font-ils d'autre, à leur manière, ces millions de voyageurs qui prennent des millions de photographies et d'instantanés, des millions de repères spatio-temporels ? «J'étais là. J'ai vu cela et cela. Nous étions à cet endroit : t'en souviens-tu ? »

Prendre les autres à témoin : leur raconter, partager l'expérience. Les inviter eux aussi au voyage, aux grands départs, comme disait Languirand. Élargir leur imaginaire. Et, d'abord pour ce faire, se prendre soi-même à témoin : revivre en pensée le voyage, revoir des lieux et des visages au fil de la mémoire, se souvenir de conversations, se rappeler un parfum, une musique ou toute une série d'emmerdements, reconstruire des bribes d'émotions. Et insérer le tout dans l'ordinaire du présent. Pour pouvoir partir à nouveau.

J'ai reçu, l'automne dernier, une lettre de mon ami Camille que j'avais rencontré par hasard, avec sa femme, dans une île des Antilles en 1982. J'avais écrit quelques jours auparavant un article sur cette île, revisitée depuis, qui a réveillé chez lui toute une vague de réminiscences : il m'a téléphoné puis posté copie de son journal de voyage. À dix ans de distance, nous sommes ainsi retournés dans l'île. Ensemble.

Plus tard, en fouillant dans un fond de tiroir, j'ai trouvé une feuille pliée en trois. J'y avais consigné, il y a — déjà — trente ans et dans une écriture serrée, les impressions de mon premier voyage outre-mer. Je vous en livre quelques extraits :

Me voilà rendu ! J'ai peine à le croire et pourtant... il me semble tout naturel d'être ici. Autant j'étais dans une folle attente avant mon départ, autant je suis calme aujourd'hui. Ce désir si longtemps caressé, une fois satisfait, se mue étrangement en une sorte d'état euphorique teinté de détachement. J'essaie d'être le plus disponible, le plus réceptif possible, de regarder ce monde avec la vraie innocence. J'essaie de m'imprégner de ce monde ambiant, de me laisser imbiber par tous mes pores. J'en ferai bien plus tard le partage.

Ce livre reprend, pour l'essentiel, mes chroniques hebdomadaires parues dans *Le Devoir* entre mars 1991 et mars 1993 qui tentent, au fil des semaines, de livrer les multiples visages du tourisme, de ce phénomène si présent dans la vie des privilégiés de cette planète et dans celle aussi des populations qui doivent se contenter, parce qu'elles n'ont pas les moyens de faire autrement, d'accueillir les flots de visiteurs.

Curieusement, le tourisme est un phénomène négligé, comme s'il ne faisait pas sérieux. Comme s'il n'était pas important. Et pourtant...

Histoire du tourisme, portraits et récits de voyage, tourisme et culture, attitudes, valeurs et comportements, violence, guerre et paix, tourisme et environnement, de l'espace imaginé à l'espace imaginaire, voilà les jalons de ce premier tome.

Le parcours du voyage est parfois sinueux, mais il est toujours passionnant. Il va à la rencontre de ces étrangers d'ici et d'ailleurs que nous sommes tous et toutes. C'est pourquoi le seul tourisme qui tienne est celui qui présente un visage humain.

Chapitre 1

Histoires et portraits

Heureux qui, comme Ulysse, a fait un beau
voyage
[...]
Et puis est retourné, plein d'usage et de
raison,
Vivre entre ses parents le reste de son âge !

Joachim du Bellay

Un univers qui a pour nom l'aventure

Quand le directeur du *New York Herald Tribune* manda Henry Morton Stanley dans son bureau, il lui dit sans détour:

— Allez retrouver Livingstone en Afrique!

— Mais, répliqua Stanley, ça fait longtemps qu'on est sans nouvelles de lui. Tout le monde dit qu'il est mort.

— Raison de plus pour le retrouver vivant, lui rétorqua l'autre, la nouvelle fera encore plus de bruit!

Stanley quitta donc Zanzibar pour la côte puis les entrailles de l'Afrique noire à la recherche d'un célèbre missionnaire-explorateur parti, depuis plusieurs années, découvrir le grand continent mystère et convertir à la foi chrétienne les habitants. Mission impossible: il lui fallait monter une caravane, acheter de l'équipement, embaucher guides, porteurs et équipiers sans aucune garantie, affronter les fièvres, les fauves, des reliefs difficiles et des tribus hostiles, la solitude et le toujours présent découragement; bref, un monde inconnu.

Il le retrouva pourtant, à Ujiji, sur la rive est du lac Tanganyika en novembre 1871. En novembre 1871, voici cent vingt ans, pas il y a un millénaire... David Livingstone était né en Écosse et Henry Morton Stanley en Angleterre sous le nom de John Rowlands, avant de prendre le patronyme de son père adoptif en devenant citoyen américain. Au bout du monde, loin, très loin de la «civilisation», Stanley et Livingstone se souvinrent de leurs origines britanniques. Une fois qu'il l'eût retrouvé après de longs mois de voyage et d'épreuves, Stanley fit savoir à Livingstone qu'il allait à sa rencontre et, quand il fut en sa présence, il souleva son chapeau en lui disant, solennel: «Doctor Livingstone, I presume?» Comme s'il avait pu y avoir erreur sur la personne...

Ainsi, tout aventurier que vous soyez, vous ne mettrez jamais vos racines culturelles au vestiaire.

Le mot aventure dérive du latin populaire *adventura*, participe futur d'*advenire*. *Le Robert* distingue deux sens principaux. Une aventure d'abord, qui signifie « ce qui arrive d'imprévu, de surprenant ». L'aventure ensuite, qui a trait à un « ensemble d'activités, d'expériences qui comportent du risque, de la nouveauté, et auxquelles on accorde une valeur humaine ».

James Cook (1728-1779) avait dû faire sienne cette seconde définition. Il participa à la prise de Québec — on lui pardonnera — et mourut à Hawaï, fort loin de son Yorkshire natal. Nouveau Magellan, il fit trois longues expéditions dans l'océan Pacifique, depuis l'Arctique jusqu'à l'Antarctique. Il entreprit la seconde en hissant les voiles de Portsmouth le 13 juillet 1772; de l'avis des historiens, ce fut l'un des plus longs et plus grands voyages de tous les temps : il allait parcourir plus de cent douze mille kilomètres en trois ans et dix-sept jours !

Ses navires s'appelaient le *Resolution* et, bien sûr, l'*Adventure*. Le 30 janvier 1774, il atteignit la latitude 71° 10', le point le plus austral de ses « pérégrinations », sans toutefois parvenir au continent Antarctique. Enveloppé de brume et bloqué par les glaces, il nota dans son *Journal* :

> Dans ce champ, nous dénombrâmes quatre-vingt-dix-sept collines ou montagnes de glaces, dont beaucoup étaient de taille immense. [...] Je ne dirai pas qu'il fût impossible de pénétrer parmi ces glaces, mais il eût été dangereux de le tenter, et nul à ma place n'y eût songé. [...] Bien que j'eusse l'ambition non seulement d'aller plus loin que quiconque avant moi, mais aussi rencontrer cet obstacle : il nous délivrait pour une part des dangers et privations inséparables de la navigation dans les régions proches du pôle Sud.

Mais tous les épris d'aventure n'eurent pas cette sagesse.

Combien y eut-il de marins et de capitaines, d'explorateurs partis à pied, à dos d'âne, en pirogue ou même en dirigeable qui ne revinrent jamais, engloutis par leurs chimères et leur soif de repousser les limites de la géographie, au-delà de tous les obstacles, de tous les périls ?

Combien ont atteint leur but avant de disparaître, de ne plus faire parler d'eux sinon par le souvenir et peut-être une certaine forme de regret ? Ou de « On leur avait bien dit !... » ? Combien ont sacrifié famille, maison, fortune, carrière, amitiés, santé ou ambition au nom d'un rêve, d'une drogue dissimulés sous les voiles tentateurs de l'aventure ?

Aujourd'hui encore, ils sont nombreux, jeunes et moins jeunes, qui aspirent à sortir des chemins battus, à se colleter avec l'inconfort, l'incertitude, la surprise, l'imprévu. Avec ce que la plupart appelle la grande misère. Certains font la fortune de ces agences de voyages nouveau genre qui proposent l'aventure au menu, mais l'aventure encadrée, bien préparée, émoussée de ses aspérités trop affligeantes ou décourageantes; l'aventure tout de même, reconnaissons-le, qui mène en des contrées peu connues, au contact de peuples et d'ethnies aux antipodes de notre culture, en une nature souvent exotique et difficile tout à la fois, par des moyens qui font fi des sièges rembourrés et des hôtels cinq étoiles. D'autres poussent encore plus loin le défi lancé à l'aventure et, il faut bien le dire, à eux-mêmes: ils s'en vont, sac au dos, peu d'argent dans les poches, plein d'images dans la tête, sans itinéraire préconçu, insouciants en apparence, inconscients le plus souvent, ayant pour uniques talismans une confiance absolue en leur bonne étoile et la volonté de vivre autre chose ailleurs. Beaucoup reviennent plus tôt que prévu, déçus, parfois amers ou effrayés; quelques-uns y trouvent leur voie, *tripent* dans tous les sens du voyage, étirent leur errance; quelques-uns enfin ne reviennent jamais, meurent quelque part ou se fondent dans l'oubli.

L'aventure aujourd'hui porte plusieurs noms et a diverses saveurs.

Tout voyage comporte deux grands moments : le départ et le retour. Le départ, s'il est désiré, attendu ou magnifié, n'en demeure pas moins un arrachement, tout aussi difficile que celui auquel est confronté l'haltérophile. Tout départ implique de quitter son environnement immédiat, physique et humain, avec tout ce qu'il comporte de rassurant, de sécurisant. Le retour constitue la police d'assurance de cette *aventure* car, quelles que fussent et quelles que soient la témérité, l'intrépidité ou même l'inconscience des plus extrémistes aventuriers, l'idée du retour a toujours nourri et nourrira les voyages les plus fous. Il y a un nom pour ça : l'instinct de vie.

Des cyniques — vraiment ? — demanderont : où est l'aventure aujourd'hui ? Qu'en reste-t-il ? Il est vrai que les temps ont changé, tout comme les habitudes des voyageurs. Elle est loin l'époque des premiers voyages de masse, à savoir des pèlerinages où seigneurs et gens d'humble condition prenaient leur bâton et allaient vers Saint-Jacques-de-Compostelle, Rome, Jérusalem, La Mecque, les tertres mégalithiques de la vallée de la Boyne. Ou Sainte-Anne-de-Beaupré.

Il faut relire le *Viaggio da Venezia*, ce livre écrit en 1519 à l'intention des pèlerins qui se dirigeaient vers la Terre sainte. Relire ces conseils adressés à ces voyageurs de l'infini qui vivaient, convenons-en, des conditions à tout le moins précaires de déplacement : marcher ou aller à dos de cheval, de mulet, de bœuf, s'entasser sur des navires chargés de marchandises, dormir à la belle étoile ou dans des coupe-gorge déguisés en auberges, avancer le long de circuits peu sûrs et fréquentés de brigands, subir guerres, taxes et vexations, risquer à tout moment de se perdre, éviter les maladies, les épidémies, la faim, la soif qui guettaient, se heurter aux problèmes des langues. Ne pas être sûrs de revenir, ni de retrouver dans le même état ce qui avait été laissé derrière. Indubitablement, ces gens-là avaient l'aventure comme compagne de route.

Qu'en reste-t-il à présent, en cette époque qui semble avoir effacé de son vocabulaire le sens du mot anglais *travel* qui, à l'origine, se confondait avec *travail* et donc labeur ? Qu'en reste-t-il maintenant que nous sommes obsédés par la sécurité, par l'impérieuse nécessité de tout prévoir, de tout planifier, de rien laisser au hasard, d'éviter la surprise, l'inconfort, l'imprévu et toute forme de contrariété ou de risque? Maintenant qu'on dit — et que nous le croyons — que nous avons les moyens financiers de nous payer des voyages dignes de tout pacha?

Comme le voyageur d'autrefois, le voyageur moderne est écartelé entre la pulsion de la curiosité, de l'exotisme et de l'inconnu — qu'on peut appeler l'ailleurs — et du désir tout aussi fort de la sécurité, de la tranquillité et du connu — qu'on peut appeler l'ici. Tout autant que ses ancêtres — et peut-être encore plus — l'homme moderne a peur. Peur exacerbée par le déplacement. Pourtant, répétons-le, tout ailleurs est l'ici de quelqu'un d'autre.

Nous souffrons du syndrome des assurances. Depuis notre naissance jusqu'à la mort — sinon après —, nous devons être protégés contre le rhume, les gros méchants de tout acabit, l'eau qui tombe du ciel ou qui monte des rivières, les mauvais coups de Dieu et du diable, les maux de gencives, les rides et les crashs d'avion. Chaque fois qu'un touriste, ou un voyageur si vous voulez, souffre d'un ongle incarné, toutes les caméras se tournent vers lui. Je me rappelle des mésaventures — prenez note de ce mot — d'une touriste québécoise partie en vacances-soleil au Venezuela. Que lui arriva-t-il à cette malheureuse? En entrant dans sa chambre, elle vit un lézard courir sur un mur exposé au soleil. Elle poussa illico un grand cri, grimpa dans les rideaux avant de rester en transe durant toute la semaine, harce-lant les représentants de l'agence pour revenir au plus tôt à Montréal. Pourtant, le lézard, l'inoffensif lézard, était bien plus chez lui que cette dame apeurée.

Croyez-vous que Marco Polo se retourne dans sa tombe?

Marco Polo, puisqu'il en est question, laissa les canaux et les loggias de Venise en 1271, en compagnie de son père et de son oncle. Son voyage dura vingt-quatre ans. Il partit à dix-sept ans et en revint à quarante et un. Il se rendit dans la lointaine Chine, à la cour du Grand Khan, après avoir traversé la Perse (où il séjourna un an), des montagnes, des steppes et quoi encore. Marco Polo devint l'un des hommes de confiance du Khan, un émissaire extraordinaire envoyé aux quatre coins de l'empire.

Avec son père et son oncle, il réapparut dans les lagunes de l'Adriatique, riche de biens et d'images indélébiles. Il rapporta d'Orient, comme d'autres commerçants de ce temps, des produits qui allaient changer la vie du monde européen : porcelaines, motifs décoratifs, papier-monnaie, imprimés, poudre à canon et même pâte alimentaire ! Mieux encore, il en rapporta des *Mémoires*, qu'il écrivit et publia grâce à la plume d'un pisan nommé Rustichello, auteur de récits chevaleresques dans la veine de la geste du roi Arthur.

Grâce à Marco Polo et avant lui, à Xénophon, Hérodote et César pour ne nommer qu'eux, et après lui, à Humboldt, Kessel, Flaubert et tant d'autres, une grande partie de l'humanité vécut les voyages et l'aventure à travers leurs récits. Par procuration en quelque sorte. Bien sûr, il y eut aussi, de tout temps, des aèdes, des bardes, des trouvères pour raconter, chanter, déclamer les exploits et aventures de héros mythiques ou véritables en des lieux mythiques ou véritables. Comme il y eut chez nous, en cette civilisation terrienne où les gens vieillissaient dans l'enclos de leur paroisse, des vagabonds, tel Jambe-de-Bois — vous souvenez-vous de Jambe-de-Bois, ami fidèle d'Alexis Labranche dit aussi Jos Branch à son retour du Colorado ? — qui colportaient les nouvelles de maison en maison, de village en village, de paroisse en paroisse, qui racontaient le pays à ceux et celles qui n'étaient pas mobiles comme eux, qui devaient rester sur leur terre. Et imaginer l'ailleurs.

Songeons à toute la place qu'ont occupée et qu'occupent dans notre imaginaire collectif les coureurs de bois du début de la colonie. Qui d'entre nous peut affirmer sans broncher être capable de départager le réel du fictif dans les aventures de ces hommes qui empruntaient les rivières et les bois, faisaient le trafic des fourrures et de bien autre chose, fonçaient dans le blizzard de l'hiver comme dans les tornades de mouches noires, devenaient à moitié indiens en partageant leur vie, leurs techniques et leurs coutumes ? Qui n'a pas vécu leurs aventures avec eux ?

Un roi du Portugal, Henri le Navigateur, a envoyé ses marins et ses navires — caravelles spécialement mises au point pour explorer les mers et les côtes — à la découverte du monde. Depuis le port de Sagres dont il devait faire un centre important de cartographie, de navigation et de construction navale, de Sagres qu'il quitta fort peu, Henri le Navigateur fut le précurseur de l'aventure de ce qu'on appela les grandes découvertes. Il ne partit jamais lui-même, préférant vivre par et à travers les autres cette intense aventure.

Ses capitaines rapportèrent de leurs voyages et de leurs expéditions de nouvelles cartes, de nouvelles routes, de nouvelles connaissances. De nouveaux espoirs. Ils partaient vers la *terra incognita*, vers des lieux inconnus, imaginaires, imaginés. Ils en ramenaient des lieux à connaître davantage. Et une soif encore plus ardente d'aventure. Sans jamais réussir à résoudre la question : le réel vaudra-t-il jamais l'inventé ?

❏

L'aventure a-t-elle un sexe ?

L'aventure s'accorde au féminin mais serait vécue, semble-t-il, au masculin. Surtout en matière de voyages.

Longtemps, le mâle a douté de la femme. A-t-elle une âme ? s'est-il même demandé pendant des générations de philosophes et de théologiens. L'Église, toute catholique, apostolique et romaine, leur refuse encore l'accès à la prêtrise. Alors, de là à leur interdire l'aventure et en particulier l'exploration, cela allait de soi.

En 1894, la très britannique Société royale de géographie excluait de son banquet annuel une dénommée Kate Marsden « sous le prétexte que les deux cents autres convives fumaient le cigare, une habitude que les dames, de notoriété publique, ne supportaient pas ». Lord Curzon proclamait même à la chaire de la digne Société :

Leur sexe et leur entraînement les rendent inaptes à l'exploration, et ce type de globe-trotters femelles auquel nous a récemment habitués l'Amérique est l'une des plus grandes horreurs de cette fin de XIXᵉ siècle.

Pourtant, cette demoiselle Marsden, infirmière de son état, revenait de Sibérie après y avoir passé des mois à étudier les conditions de vie des lépreux. Elle en avait conçu le projet de bâtir des hôpitaux pour ces hommes, femmes et enfants

rejetés hors du monde, regroupés en des communautés de morts vivants. [...] Ces savants, si respectueux de la sensibilité d'une femme qui venait de passer un an avec les lépreux, ne s'étaient jamais interrogés sur la santé des épouses des fonctionnaires coloniaux installées dans les forêts de Malaisie, aux portes de Calcutta, aux marches de l'empire de Chine, pas plus que sur la fragilité de ces émigrées qui quittaient par bateaux entiers les ports de Dublin et Cork pour aller bâtir outre-mer d'autres pays.

Ces lignes sont tirées d'*Aventurières en crinoline*, paru en 1987 aux Éditions du Seuil dans la collection «Points Actuels», sous la signature de Christel Mouchard. Pour tout exagéré et caricatural qu'il puisse paraître, ce titre n'en souligne pas moins avec exactitude le climat moral du temps qui imposait aux dames, à l'étranger comme chez elles, de respecter à la lettre — et plus encore — les exigences de la vertu la plus stricte : jupons et dentelles ne sont alors pas pour elles «ces étendards qui proclament : *Je voyage, mais je reste femme*. Ils ne sont que d'énormes chiffons qui ramassent la poussière, accueillent la vermine et pèsent sur la taille».
Christel Mouchard précise :

Il semble que la vieille fille anglaise fournit les plus gros contingents des globe-trotteuses. [...] Elle n'est d'ailleurs pas une «vieille fille» mais une *spinster* (une célibataire). La vie lui offre d'énormes compensations à l'absence masculine, dont elle profite sans scrupules. Elle se mêle de tout, milite dans d'innombrables mouvements religieux ou parapolitiques, hante les maisons d'édition et les antichambres des parlementaires. Chaque nouvelle ride qui marque son visage lui apporte toujours plus de liberté. Pour peu qu'elle en ait l'envie, à condition que sa moralité soit irréprochable, une spinster de quarante ans a acquis le droit d'être une vraie originale. Son excentricité est reconnue, moquée mais admise. [...] À l'aube du XXᵉ siècle, il n'est pas un hôtel colonial dans les deux hémisphères qui n'ait sa vieille fille anglaise, venue d'un autre hôtel colonial, et repartant bientôt.

En me recommandant la lecture de *Aventurières en crinoline*, ma collègue Odile Tremblay m'a dit: «Tu verras, c'est amusant!» Euphémisme... J'ai lu tout d'une traite. Bien documentée, passionnée par son sujet, Christel Mouchard a dressé des portraits saisissants de femmes différentes, Mary Seacole la Jamaïcaine, commerçante à Panama, cantinière et héroïne en Crimée, Isabelle Bird, percluse durant toute sa jeunesse, mais pétante de santé et infatigable parmi les durs de durs du Far West, Alexine Tinne, enfant choyée de la grande société néerlandaise qui va périr assassinée par les Touaregs, la très organisée Marie Sheldon, Américaine jusqu'au bout des cheveux, qui ne craindra jamais d'affronter dangers et difficultés ni de se proclamer — rien de moins — *Reine Blanche* de l'Afrique, Ida Pfeiffer, vertueuse mais acariâtre veuve autrichienne qui parcoura le monde et risqua même sa tête dans les profondeurs des forêts de Bornéo. Faibles femmes...

Pourtant, le chapitre qui m'a le plus captivé fut le dernier, elliptiquement intitulé «Et tant d'autres...» De plus rapides portraits y sont esquissés, tout aussi révélateurs. Plus poignants peut-être. Celui de Louise Christiani, frêle et idéaliste violoncelliste qui fit jouer son archet devant les têtes couronnées d'Europe, les populations du Caucase et de l'extrême Sibérie, «parmi les Kalmouks, les Kirghiz, les Cosaques, les Ostiaks, les Chinois, les Toungouses», avant de mourir en quelques heures du choléra dans la petite ville de Novotcherkask. À vingt-trois ans.

Celui de Gertrude Bell, dite Gertrude de Bagdad: élitiste, supérieurement intelligente, elle quitta l'Angleterre victorienne, apprit l'arabe et le persan, traduisit les poètes anciens, ne consomma jamais son amour pour un homme marié, côtoya Lawrence d'Arabie, fit carrière de diplomate, espionna et retourna au désert, exploratrice et patriote. En août 1921, « à cinquante-trois ans, isolée dans Bagdad, elle va se retrouver brusquement désœuvrée et inutile. [...] Elle supportera encore cinq ans de vivre sans risque ni enjeu, puis se suicidera. »

L'une de ces « autres ». Lucy Atkinson, accoucha dans les neiges de Sibérie, sous la tente. Elle donna à son bébé le nom de la plus proche montagne et le fit voyager avec elle et son mari pendant deux ans, attaché à sa selle. Mais laissons-lui la parole :

> Quel plaisir et quelle émotion de ne jamais savoir où l'on va dîner le soir, d'être toujours à l'affût du meilleur campement, d'être incertain de la route à suivre pour trouver un point d'eau. [...] Toutes ces scènes me reviennent maintenant à l'esprit et je me répète que j'aurais préféré vivre dix fois plus de souffrances plutôt que d'aller en terre sans les avoir vécues.

> Et tant pis pour la fumée de cigares !

❏

Pèlerinages

En 1991, plus de 250 personnes ont péri dans l'écrasement d'un avion non loin de l'aéroport de Ryad, capitale de l'Arabie saoudite. À part les membres d'équipage, tous les passagers étaient des Nigérians qui retournaient chez eux après un pèlerinage à La Mecque, l'un des lieux saints de l'Islam. Au cours de l'été, des milliers de gens se sont rendus à la basilique de Sainte-Anne-de-Beaupré à l'occasion des célébrations de la fête de la mère de la Vierge, le 26 juillet. Selon les plaques minéralogiques des véhicules, les pèlerins venaient du Québec, bien sûr, mais aussi en grand nombre du reste du Canada et parfois de fort loin aux États-Unis.

Ces deux événements récents nous ont rappelé cette dimension religieuse mais avant tout spirituelle qui est souvent sous-jacente aux voyages. Même des plus impies. Car, derrière tout voyage, il y a une quête, une recherche, l'attente — avouée ou non — d'une découverte, d'une forme de révélation. Comme si, en allant ailleurs, en sortant du cadre quotidien, l'homme pouvait accéder à une autre nature et apprendre à déchiffrer des signes et messages qui autrement lui sont incompréhensibles.

On pourrait dire que les pèlerinages sont vieux comme le monde. Ou plutôt comme l'humanité. Il y a des millénaires, les peuples de l'Irlande fréquentaient New Grange — le grand lieu symbolique —, la colline de Nara et les tertres et mégalithes de la vallée de la Boyne. Plus de 2 000 ans avant Jésus-Christ, près de Memphis, capitale politique de la Grande-Égypte où régnaient des rois-dieux, s'est développé un grand lieu saint, Héliopolis, véritable capitale spirituelle, où tous les habitants de la vallée du Nil venaient vénérer Rê, le Soleil — avec un grand S.

Avec les déplacements des marchands, des artistes et des savants, les pèlerinages ont compté parmi les premières formes du voyage volontaire, à l'opposé des exodes et migrations causés par les guerres, famines et cataclysmes naturels. C'était déjà du tourisme, puisqu'il y avait la notion du retour vers le point de départ, d'une migration essentiellement temporaire et non définitive.

Les pèlerins de tous temps sont partis vers des lieux revêtus d'une aura particulière, dépositaires d'une signification transmise par des êtres supérieurs et reconnus comme tels. Vers des lieux-reflets en quelque sorte d'espaces mythiques, « parfaits », existant dans ce qui fut généralement qualifié d'au-delà: le Walhalla, l'Olympe, le Paradis... N'oublions pas que les Rois mages, partis à la suite de leur étoile, ont été les premiers pèlerins de notre enfance.

Il fallait certes de la foi mais aussi du courage et de l'endurance pour être pèlerin au temps jadis. Partir en pèlerinage prenait des mois, quand ce n'était pas des années. Ce n'était pas une partie de plaisir que d'être pèlerin. C'étaient de véritables expéditions, et pour les croyants de toutes allégeances : les chemins de Bénarès, du Fuji, de Lhassa, de Chalma étaient tout aussi chargés d'embûches et d'incertitudes que ceux menant à Rome.

C'est de la sorte que le circuit, le périple, est devenu tout aussi important que le lieu vénéré lui-même. Pour se protéger, se porter mutuelle assistance, s'encourager, les pèlerins s'organisaient en groupes. Pour accompagner et ponctuer le trajet, a émergé tout un cérémonial constitué de processions, de chants et cantiques, d'arrêts, de présents à apporter ou à acheter; sans compter les guides religieux et autres qu'il fallait soutenir ou payer. Des circuits se sont établis; des étapes, des relais se sont imposés, comme par exemple Rocamadour sur la route de Saint-Jacques-de-Compostelle.

Le tourisme n'est pas né d'hier. Ni ses lois ni ses règles.

Les premiers lieux saints sont devenus les premiers lieux touristiques. Et le sont encore. Malgré soixante-dix ans de communisme, Zagorsk, non loin de Moscou, n'a jamais perdu la faveur populaire, n'a jamais été délaissé.

Mieux encore, les lieux de pèlerinage ont migré avec les populations. La tradition à Sainte-Anne-de-Beaupré remonte à 1658, aux premiers âges de la Nouvelle-France, territoire alors peuplé de colons qui venaient pour la plupart de Perche et de Normandie où le culte à sainte Anne était solidement implanté. Les gens ne pouvaient se rendre au mont Saint-Michel? Alors, ils ont fait venir à eux le mont Saint-Michel et l'ont transplanté dans les environs de Mont-Laurier en y développant une dévotion analogue. La grotte de Rigaud et le sanctuaire du Cap-de-la-Madeleine ont pris la relève de Lourdes. Chaque coin de pays a vu apparaître son lieu saint, Saint-Élie-de-Caxton en Mauricie, Lac-Bouchette au Lac-Saint-Jean, vers où il était possible de faire son petit voyage.

Petits ou grands, les centres de pèlerinages ont appris à vivre et fonctionner avec ces gens venus d'ailleurs, avec ce qu'on a plus tard appelé les clients de passage, les touristes. Ils ont appris à satisfaire leurs autres besoins liés à l'hébergement, la restauration, la circulation, la détente. Ils ont appris à développer la qualité de l'accueil et du service et, chez leurs visiteurs, le sentiment de fidélité et le goût de revenir. Toutes qualités, n'est-ce pas, que tout bon exploitant touristique se doit de posséder.

❏

Un peu d'histoire

L'histoire du tourisme est mal connue. Ou méconnue plutôt.

J'ai récemment reçu une documentation fort instructive à cet effet. Elle m'est parvenue de la maison Thomas Cook qui, avec American Express, Havas Voyages et autres, compte parmi les grands noms du tourisme international: 1 800 bureaux et plus de 10 000 employés dans 120 pays et des ventes annuelles dépassant les vingt milliards de dollars.

Qu'y apprend-on? D'abord, que Thomas Cook, modeste tourneur et ébéniste anglais, a « organisé » son premier voyage le 5 juillet 1841 en affrétant un train pour un groupe de 570 personnes de Leicester qu'il accompagnait à une réunion de tempérance à Loughborough. Le tout, incluant aussi le thé, les sandwichs au jambon, une danse et une partie de cricket, pour un schilling par tête ! Il avait alors 33 ans.

> Nous avions amené nos musiciens, écrivit-il, et d'autres nous attendaient à la gare de Loughborough. Les gens sont descendus dans la rue, guettaient aux fenêtres ou montaient sur le toit des maisons pour nous saluer tout au long du parcours. Tout alla pour le mieux et nous sommes tous revenus sains et sauf à Leicester.

Thomas Cook est né le 22 novembre 1808 dans une famille pauvre du Derbyshire. Ayant perdu son père à quatre ans, il quitta l'école pour travailler dès l'âge de dix ans. Adolescent, il s'intéressa à l'Église baptiste et au mouvement de tempérance qui se développait en Angleterre — comme au Québec d'ailleurs. Très tôt, il parcourut le pays pour prêcher la foi baptiste et s'élever contre la consommation de l'alcool et du tabac. Curieux itinéraire de l'histoire, quand on sait à quel point de nos jours les voyageurs de tous pays célèbrent assidûment, verre à la main, les qualités de l'alcool lors de leurs pérégrinations...

Comme dans bien des entreprises, ce fut une histoire de famille. En 1833, Thomas Cook avait épousé Marianne Mason qui possédait un solide sens des affaires : elle dirigea des hôtels pour contribuer au revenu familial et donna à son mari un précieux soutien. Le couple eut trois enfants et c'est l'aîné, John Mason né en 1834, qui assura la relève. Ce qui ne se fit pas sans mal : plus instruit que son père, le fils n'avait pas une haute opinion de son sens des affaires. Jusqu'au décès de Thomas Cook en 1892, leurs approches commerciales restèrent fort différentes et leurs relations devinrent même tendues.

Entre-temps, l'entreprise avait fait son chemin. Au début, Thomas Cook avait rêvé de faire de la « puissance nouvelle de la locomotive et du chemin de fer le fondement de la cause de la tempérance » et devint rapidement convaincu que les voyages allaient améliorer la qualité de tout le monde, y compris des gens ordinaires, jetant ainsi les fondements de l'*industrie* des voyages modernes.

Au cours des dix premières années, il étendit son réseau d'excursions à Liverpool, au Pays de Galles et à l'Écosse. En 1851, il pilota 165 000 personnes, à l'Exposition de Hyde Park à Londres ; beaucoup étaient des travailleurs qui n'avaient jamais mis les pieds dans la capitale. Quatre ans plus tard, il conduisit son premier groupe outre-mer, à l'Exposition de Paris, début de son activité en Europe. Le premier voyage autour du monde eut lieu en 1872. Un peu plus tard, John Mason prit la relève de son père et accéléra l'expansion internationale de l'entreprise.

Outre son service d'organisation de voyages, celle-ci avait développé de nombreux services qui furent autant d'innovations : distribution dans le monde entier du premier périodique de voyages, *The Excursionist*, mise en marché de la « note de voyage », précurseur des chèques de voyage, établissement d'une billetterie complexe comprenant des bons de voyage et de destination, mise sur pied d'un réseau d'hôtels accrédités, reconnus pour leur qualité.

John Mason Cook mourut en 1899. Ses trois fils participèrent aux affaires de la compagnie dès 1880. Lorsqu'ils prirent leur retraite en 1928, Thomas Cook & Sons avait acquis une valeur considérable et était alors estimée à quelque deux millions de livres, somme plus que respectable à l'époque.

Aujourd'hui, le groupe Thomas Cook possède 85 bureaux de voyage et 18 bureaux de change au Canada, employant plus de 700 personnes. Pour célébrer son 150ᵉ anniversaire en 1991, la compagnie a présenté à travers le Canada une exposition, *Témoignages de voyageurs*, rassemblant photos, dessins, affiches et observations tirées de journaux de voyages, d'articles et autres documents rédigés par des touristes au siècle dernier.

Si l'on se fie à la documentation reçue, l'histoire et la beauté du Québec lui valaient déjà à ce moment-là d'être « l'une des destinations touristiques les plus populaires d'Amérique du Nord ». Les touristes étaient, semble-t-il, fascinés par l'histoire de la ville de Québec, le « Gibraltar de l'Amérique », l'hospitalité des Montréalais et l'aventure des rapides du Saint-Laurent... Comme quoi l'histoire, même touristique, a une certaine continuité. Je cite : « Le mélange de charme vieillot et de confort moderne a incité des millions de touristes de tous les pays à parcourir les berges du Saint-Laurent. »

Thomas Cook lui-même n'échappa pas au « charme irrésistible » du Québec. Pour sa part, Lady Mary Duffus Hardy décrivit ainsi ses premières impressions de la Vieille Capitale en 1881 :

> Nous en avions entendu parler, avions lu sur cette ville, étions au courant de toutes les vicissitudes [*sic*] qu'on lui avait fait subir, avions admiré les beautés de la trace du temps en images, mais nous faisions maintenant face à la réalité. Nous pouvions dorénavant jouir pleinement de sa vraie beauté et n'étions même pas certains si cela ne dépassait pas nos attentes.

Beau compliment.

Montréal soulevait des réactions analogues :

Ce pays doit être vraiment plein d'énergie et de grandeur pour avoir produit une telle ville en si peu de temps, écrivit un voyageur britannique du nom de William Morris en 1875. Dans nos vieux pays, beaucoup de villes d'égale étendue sembleraient ternes à côté de Montréal. J'ajouterais que très peu s'y compareraient avantageusement.

Ô temps, suspends ton vol...

❑

Histoire de foires

Une des attractions touristiques les plus importantes de 1992 aura certes été l'Exposition universelle de Séville. Qu'on se rappelle Expo 67 et ses effets sur la vie culturelle et économique des Québécois, les centaines de milliers de visiteurs étrangers que l'événement a attiré à Montréal pour comprendre le rôle moteur des expositions et événements analogues dans le développement du tourisme.

Par définition, une exposition, qu'elle soit culturelle et commerciale, est une vitrine: des gouvernements, des collectivités, des entreprises s'en servent pour présenter à d'autres, sur un site et à l'intérieur d'un laps de temps nettement définis, des produits, des réalisations, des idées, des traits de société. En ce sens, les expositions de grande envergure sont les héritières directes des foires et des marchés qui se tiennent partout sur la planète depuis que l'homme s'y est organisé en sociétés.

Marchés, souks, foires sont à la fois typiques et universels. Lieux de troc, d'échanges et de démonstration, ce sont des points de rencontre, de confluence, de convergence et de rayonnement. Ils ont été le fait de ces grands voyageurs de toutes les époques que furent les marchands qui parcouraient les terres et les mers, franchissaient les montagnes et les déserts pour chercher et ramener des denrées essentielles et superflues.

La Bible, qui remonte fort loin dans la mémoire humaine, parle des foires. Le Livre d'Esther, par exemple, décrit celles du roi Assuérus qui étalaient la richesse et la puissance de son royaume. La ville de Tyr, pour sa part, accueillait des foires où étaient exposés et vendus, chevaux et mulets, produits ouvrés et fins tissus, épices, pierres précieuses, or et argent.

La plupart des foires du haut Moyen Âge avaient une vocation économique : entre les vi^e et xvie siècles, les foires commerciales se développèrent en Europe au fur et à mesure que les voyages eux-mêmes devenaient plus sûrs. L'intensification et l'amélioration des déplacements des biens, des personnes et des idées firent apparaître un autre genre de foires, vouées au divertissement, à la musique, la danse, le chant. À la fête.

Pendant les Croisades, de 1096 à 1270, les foires commerciales prirent encore plus de vigueur avec l'introduction en Europe des produits et richesses de l'Orient. Entre 1450 et 1550, au moment où les grands explorateurs découvraient le monde, des monarques particulièrement avisés virent très vite que de grandes foires internationales ne pouvaient que favoriser l'expansion du commerce sur leurs territoires et engendrer des revenus additionnels grâce aux taxes et accises sur les importations. Une ville comme Nuremberg, sise entre la mer du Nord et la Méditerranée, assura ainsi sa fortune en percevant des droits auprès des marchands qui la traversaient ou s'y arrêtaient pour exposer et commercer.

Dès le début de la colonisation en Amérique du Nord et jusqu'à aujourd'hui (pensez à l'Exposition agricole annuelle de Québec), les foires agricoles ont fait partie de la vie rurale : chacun venait y montrer ses animaux, ses produits, son artisanat, les comparer aux autres et essayer de gagner prix et médailles. Dans le monde clos de la vie de la ferme, marqué par le rythme implacable des travaux et des jours, ces foires constituaient des bouffées d'air frais, des occasions de rencontrer des gens, d'échanger, de communiquer et, même si parfois les distances n'étaient pas grandes, de bouger et de voir du pays.

Faites pour informer le public sur les progrès de la science, de l'industrie et des arts, les expositions, comme telles, apparurent au xixe siècle. En fait, l'ère des grandes expositions a débuté en 1853 à New York, bien évidemment, où eut lieu la première exposition internationale à se produire aux États-Unis, attirant 4 800 exposants venus de 23 pays différents. Puis, suivirent les célébrations du centenaire de l'Union à Philadelphie en 1876, celles à Chicago en 1893 — *why not?* — des 400 ans (avec une année de retard) de l'arrivée de Christophe Colomb en Amérique et, en 1915, la très spectaculaire Exposition Panama-Pacific à San Francisco.

Entre-temps, en Europe et ailleurs dans le monde se tinrent plusieurs autres expositions internationales dont celle de Paris en 1889, pour laquelle monsieur Eiffel édifia sa fameuse tour de treillis métallique, fort décriée à l'époque mais qui draine encore chaque année des millions de touristes vers la Ville lumière... Depuis, l'histoire a fait le reste : les expositions dites universelles sont devenues des attractions touristiques de première force. Les États se battent — pacifiquement — pour obtenir le droit d'en être les hôtes et dépensent, pour ce faire, l'équivalent de centaines de millions de dollars en promotion et en infrastructures de toutes sortes.

Comme les Jeux olympiques, elles sont aussi devenues des événements médiatiques qui attirent l'attention du monde entier et donnent un coup de pouce exceptionnel à une ville, une région, un pays transformés de la sorte en des destinations touristiques majeures. Par un curieux retour de l'histoire, le pays d'où partit Colomb s'est retrouvé, 500 ans plus tard et après les longues décennies du franquisme, sous les regards de la communauté mondiale : Barcelone pour les Jeux olympiques d'été et Séville pour Expo 92. Qu'y ont-ils retrouvé : une nouvelle et éternelle Espagne ou des créatures médiatiques ?...

❏

De la petite histoire de Miami

En tourisme, *because* la concurrence, l'esprit de comparaison est très actif. Telle destination, tel compétiteur réussissent-ils mieux ou moins bien? Pourquoi? Comment? Dans cet univers de références, il y a des modèles qui émergent, faisant l'objet d'envie mais aussi de savantes analyses. Miami, chérie par tant de Québécois et de touristes de ce vaste monde, est l'un de ces modèles. À cet effet, l'étude de son évolution — et de ses problèmes — peut être très instructive.

Miami reçoit 7 800 000 visiteurs chaque année. En 1990, ils y ont dépensé quelque six milliards de dollars — US, bien entendu — en hébergement, restauration, emplettes, transport sur place et activités de détente de toutes sortes, engendrant 350 millions de dollars au seul chapitre de la taxe de vente. De quoi exciter n'importe quel ministre des Finances...

Plus de 230 000 personnes du *Greater Miami* (27 % de la main-d'œuvre) vivent directement ou indirectement du tourisme. Les congrès, réunions d'affaires et expositions commerciales y engendrent 300 millions de dollars en retombées directes. Le port lui-même est en pleine expansion, accaparant pas moins de 57 % de toutes les croisières maritimes mondiales. Et, sous les palmiers, devant les voiliers qui dansent dans la baie, Coconut Grove, où tout a débuté en 1886, continue d'attirer les gens.

Mais cette histoire remonte à un peu plus loin, à 1875 en fait, quand Julia Tuttle, femme d'un riche industriel de Cleveland, y débarqua avec deux jeunes enfants et l'idée d'en faire un lieu de villégiature. Miami n'existait pas encore: il y avait là un ancien comptoir de commerce indien, les ruines d'un camp militaire autrefois connu sous le nom de Fort Dallas et quelques plantations dispersées sur les rives de la baie de Biscayne. La gare la plus proche était au sud de la Géorgie, à 640 kilomètres de là, et le voyage pour s'y rendre, en chars à bœufs sur des pistes poussiéreuses ou en péniches ouvertes le long du littoral, était long, pénible et dangereux.

Julia Turtle était obstinée. Une sévère gelée détruisit presque tous les agrumes du nord de la Floride en 1895; elle envoya donc à Henry Flagler, propriétaire du chemin de fer de la Côte Est, un bouquet de fleurs d'orangers fraîches, pour lui prouver que Miami pouvait alimenter en agrumes le marché américain douze mois durant. Dès l'année suivante, le chemin de fer arriva à toute vapeur dans la ville, marquant la première étape de son évolution.

Au début du siècle, Miami faisait déjà figure de retraite de luxe et de frontière éloignée. Les héritiers de riches familles industrielles y construisirent de somptueuses demeures de vacances sur Briskell Avenue, telle la Villa Vizcaya de James Deering qui se voulait une réplique d'un palais de la Renaissance italienne. La venue de ces bien-nantis lança le boom des années vingt: en cinq ans, la population de la ville passa de 30 000 à 100 000 habitants. Des milliers de touristes (300 000 durant l'hiver de 1924-1925) découvrirent qu'ils pouvaient y passer des vacances au soleil... et espérer y faire beaucoup d'argent avec la spéculation immobilière; les transactions de terres constituaient alors la clef de la promotion de Miami, même si les lots arpentés étaient au cœur de denses marécages...

Cupidité, escroquerie et imprévoyance portèrent leurs fruits. L'ouragan de 1926 et la dépression de 1929 succédèrent à une prospérité éphémère. Certains endroits connurent toutefois un meilleur sort: Coral Gables profita de la stricte planification du promoteur George Merrick, Hialeah et Miami Springs devinrent les quartiers d'hiver de riches habitants du Nord attirés par le pionnier de l'aviation Glenn H. Curtiss. Sous les interventions notamment de Carl Fisher, l'île de Miami Beach, s'éleva, quant à elle, à cinq pieds au-dessus du niveau de la mer, le milieu naturel faisant place à des hôtels opulents, des courts de tennis, des terrains de golf et des champs de polo.

Avec ses couleurs tendres, son ornementation distincte et les lignes lisses de son style fuselé, l'architecture art déco des années trente refléta un répit dans cette époque tumultueuse et plut aux visiteurs de la classe moyenne qui ne pouvaient s'offrir les hôtels élégants des plages. La fin de la Deuxième Guerre mondiale et le rapatriement de nombreux militaires entraînèrent un deuxième boom, tout aussi frénétique; à nouveau, des promoteurs « bons vendeurs » imaginèrent une foule de trucs, telles des ventes « à rabais pendant quinze minutes » (ça ne vous dit rien?), pour « développer » de nouveaux sites.

Des lotisseurs entreprenants misèrent sur la télévision et la radio. En 1953, le célèbre animateur Arthur Godfrey fut le premier à télédiffuser en direct, *Coast to Coast*, son émission depuis Miami Beach. Onze ans plus tard, Jackie Gleason parlait de Miami Beach comme de la « capitale du monde pour le soleil et le plaisir » et les Beatles y enregistrèrent l'une des soirées les plus mémorables du *Ed Sullivan Show*.

On estime à 265 000 le nombre des réfugiés cubains qui se sont établis à Miami par vagues successives depuis 1960. Leur arrivée, suivie d'autres immigrants d'Amérique latine et aussi d'Haïti, contribua pour beaucoup à lui donner un statut de ville internationale. Durant les années quatre-vingt, Miami changea rapidement de visage : de nouveaux gratte-ciel apparurent dans son *downtown* le long des boulevards de la baie de Biscayne, pendant que des centaines de multinationales, banques et compagnies d'assurances, y ouvraient des bureaux et que son aéroport devenait le deuxième aéroport international le plus affairé des États-Unis.

D'autres émissions de télé, style *Miami Vice*, révélèrent par ailleurs des visages différents de ce qui ne fut longtemps qu'une station balnéaire en mal de croissance. Car cette prospérité a son revers : commerçants et autorités politiques dépensent maintenant des sommes fabuleuses pour redonner au littoral son environnement d'origine et pour contrer la montée exponentielle du trafic de la drogue et de la criminalité en tout genre. À vrai dire, Miami n'est plus du tout une ville sûre et les touristes, riches ou moins aisés, font bien attention de ne pas s'aventurer hors de leurs ghettos respectifs. Cette réputation de ville dure et dangereuse est telle que le Greater Miami Convention & Visitors Bureau a lancé en 1991 une vaste campagne de sensibilisation auprès des résidants de l'agglomération, *Tourism is everybody's business*, pour continuer de faire rouler la roue et calfeutrer les lézardes de plus en plus inquiétantes qui grèvent le mur du dynamisme économique et qui effraient les touristes.

Tout modèle, c'est vrai, porte ses leçons. Surtout peut-être dans ses défauts.

❏

La mémoire des pionniers

François Hone est décédé le 17 février 1992. Avec lui, est partie une certaine époque des voyages modernes. A également disparu une mémoire, celle des pionniers, passionnés et enthousiastes, pour qui le voyage était plus qu'une façon de gagner leur vie : une façon de faire leur vie.

Je n'ai croisé cet homme qu'à quelques reprises au cours des vingt-cinq dernières années, au hasard des rencontres professionnelles. Le lendemain de sa mort, j'ai parlé brièvement à l'une de ses filles, Marisol; la voix chargée d'émotion contenue, elle me disait, en des mots tout simples et filiaux, qu'il avait été une figure de proue dans le développement des voyages au Québec.

Avec les Voyages Malavoy, les Voyages Hone furent un nom, une référence, surtout au temps — qui n'est pas si loin — où voyager constituait quelque chose qui pouvait s'apparenter à l'aventure, à ce qui était hors du commun, de la vie courante et conventionnelle de tous les jours. Ce temps, c'est vrai, n'est pas si loin : dans l'entre-deux-guerres et plus tard jusqu'à l'avènement des avions à réaction, il fallait compter quelque vingt heures sinon plusieurs jours pour aller à Paris en avion à hélices ou en paquebot.

En ce temps-là, rappelez-vous, il fallait justement prendre le temps de voyager. Ce n'était pas encore ce bien de consommation qu'il est devenu, presque banalisé tellement il est inscrit dans le plus ordinaire des possibles pour la majorité des gens des sociétés les mieux nanties, y compris celle du Québec.

En ce temps-là, rappelez-vous, les voyages au long cours n'étaient pas à la portée de toutes les bourses. Plus encore, pour tout fascinants qu'ils étaient, ils ne convainquaient de partir — quand on le faisait par obligation (travail, guerres, pèlerinages, etc.), pour le voyage de noces ou pour rendre visite en d'importantes circonstances (naissances, mariages, enterrements, etc.) à des parents ou amis — que ceux et celles qui portaient cette espèce de joie et de fureur répondant à l'unique et puissant plaisir d'aller voir ailleurs.

Ses notes biographiques nous disent qu'il est mort à l'aube de ses quatre-vingt-dix ans, qu'il est né à Montréal et qu'il y fit ses études classiques, qu'il s'associa à son père, Jules, fondateur des Voyages Hone, et puis à ses sœurs pour diriger l'agence, qu'il fut actif auprès de plusieurs organismes, telles l'œuvre des Petites Sœurs de l'Assomption et l'Association Belgique-Canada, qu'il fut organiste à l'église de la Côte-Saint-Paul pendant près de quarante ans, qu'il rapporta de ses voyages autour du monde de nombreux films documentaires.

Touche-à-tout, polyvalent, il fut certainement un curieux. Et aussi un être doué d'un dynamisme, d'une énergie et d'une force de conviction au-dessus de la moyenne. Voici quelques années, la société Canadien International faisait paraître à la télévision des bandes publicitaires d'une redoutable efficacité subliminale: on y voyait des passagers, entourés de sourires et de petits soins, s'asseoir en des jumbos-jets et décoller pour des univers lointains alors que doucement se superposaient des images de cavaliers des steppes, de grands navigateurs et découvreurs. En d'autres mots, l'illusion de l'aventure et des grands exploits dans le confort et la sécurité.

Au temps de François Hone et de ses collègues, il fallait davantage que des publicités efficaces — et l'argent nécessaire — pour décider les gens à partir, à croire qu'ils pouvaient, eux aussi, sans y perdre la vie, leur santé, leur argent, leur quiétude et leurs certitudes, aller en France et en Europe, voire même en Afrique, en Amérique latine et en Terre sainte. Le voyage relève, bien sûr, d'une question de gros sous mais, avant tout, d'une attitude, avant et après le départ.

Ce ne fut pas un des moindres mérites de François Hone et de ses collègues de défricher des terrains peu connus, de traiter avec des interlocuteurs étrangers quand il n'y avait pas les télécopieurs, photocopieurs, ordinateurs et autres instruments de la bureautique d'aujourd'hui, de bâtir des voyages et circuits à la pièce, souvent personnalisés. Ce ne fut pas le moindre de leurs mérites d'initier des générations entières aux vertus du voyage.

Ce fut un temps dont nous perdons la mémoire. L'excitation des voyages, au meilleur sens du terme, disparaît peu à peu de la conscience individuelle et collective. «Voyager? Y a rien là!»

entend-on de plus en plus souvent. Et les voyageurs qui déferlent en masse sur la planète affichent de plus en plus des comportements ressemblant à des caricatures de l'humanité. Ils oublient ce que des personnes comme François Hone essayaient de léguer à leurs semblables : l'enrichissement par le voyage.

❑

De l'histoire administrative du tourisme au Québec

La toute première initiative de l'État en matière touristique revient au gouvernement de Louis-Alexandre Taschereau. En 1926, le ministre de la Voirie, M. Joseph-Léonide Perron, fait publier une carte du circuit routier du Québec.

L'année suivante, ce même ministère établit un Service du tourisme qui prépare une série de réclames publicitaires et produit un guide touristique intitulé *Voyez Québec d'abord — See Québec First* destiné notamment aux Français et aux Américains qui visitent le Québec. C'est aussi en 1927 qu'est fondée l'Association des propriétaires d'autobus du Québec (APAQ). En 1929, le Service du tourisme publie un autre guide touristique, *Sur les routes de Québec*, ainsi qu'un ouvrage intitulé *La Gaspésie : histoire, légendes, ressources, beautés* soulignant l'inauguration de la route qui ceinture la péninsule.

Ces lignes ne sont pas tirées d'un savant ouvrage d'histoire conçu et rédigé par un historien bardé de tous ses diplômes, mais plutôt d'une brochure somme toute assez modeste (24 pages), publiée par le ministère du Tourisme du Québec. En fait, la brochure en question s'intitule *Le Tourisme québécois : histoire d'une industrie* et relate une évolution qui remonte, comme on vient de le lire, aux premières interventions gouvernementales, voici à peine soixante-cinq ans.

Sa lecture permet quelques observations.

• L'histoire du tourisme au Québec est mal connue et reste encore à écrire. Le tourisme, qui est matière de curiosité et de découvertes, de rencontres d'hommes et de milieux, de contacts entre cultures et sensibilités différentes intéresse peu, de toute évidence, ceux et celles qui ont pour métier de transcrire l'histoire dans la mémoire de l'humanité. Au Québec, comme ailleurs, cette histoire (qui doit relever d'un genre mineur...) est le plus souvent retracée par l'un de ses artisans comme l'a très bien illustré, il y a quelques années, le livre d'Henri-Paul Garceau, *Chronique de l'hospitalité hôtelière du Québec de 1880 à 1940.*

• Jumelée à l'amélioration du niveau de vie, l'importance du réseau routier dans l'évolution, l'organisation et la structuration des voyages et de l'appareil touristique au Québec est indéniable. À cet effet, l'essor de la villégiature en témoigne de façon éloquente. Corollaire : le « développement » des sites et zones touristiques s'est fait d'abord et avant tout en fonction des besoins et intérêts des touristes et non des populations des lieux d'accueil.

• La conception du tourisme que s'en fait l'État est strictement économique : le tourisme est une industrie. Conforme à cette pensée, la brochure brosse une histoire linéaire du tourisme au Québec, se limitant aux grandes lignes de son évolution et aux principales étapes qu'y a connues l'administration gouvernementale. Cette histoire est relatée par des rédacteurs qualifiés, sur un ton correct, sans flagornerie ni obséquiosité, mais sans fouiller plus à fond dans le contexte social et économique du temps.

Nonobstant ces réserves, l'ouvrage fait œuvre utile. Il retrace les premières interventions gouvernementales à partir de 1926 et ce qui s'ensuivit jusqu'en 1989. Dans une seconde partie, il donne une vision plus intime du phénomène, en présentant les divers acteurs tant publics que privés et en rappelant l'essentiel de l'*Énoncé de politique en matière de tourisme* rendu public en janvier 1992 par le ministre André Vallerand.

Même si beaucoup de pages restent à écrire, *Le Tourisme québécois: histoire d'une industrie* a au moins le mérite de démontrer que cette histoire a été plus riche, complexe et mouvementée qu'on pourrait l'imaginer au premier abord: le premier ministère du nom, celui du Tourisme, de la Chasse et de la Pêche, n'a vu le jour que le 4 avril 1963. Ce qui, depuis, n'a pas empêché quelque treize ministres, de Lionel Bertrand à l'actuel titulaire, d'assumer la «responsabilité du tourisme au gouvernement»...

Chapitre 2

Tourisme et culture

Le temps fait pour les hommes ce
que l'espace fait pour les monuments; on ne juge bien des uns et
des autres qu'à distance et au
point de la perspective; trop près
on ne les voit pas, trop loin on ne
les voit plus.

Chateaubriand,
Mémoires d'outre-tombe

Souvenirs d'un voyage
à Merrillville, Indiana

Le tourisme est fondamentalement un fait culturel. Et ensuite un fait économique. Et non l'inverse. Distinction qui cause des problèmes à bien du monde et aux gouvernements en particulier.

Le tourisme met en relation des gens différents, gens qui ont des valeurs et habitudes de vie différentes. Des façons de voir et de sentir différentes.

Au printemps 1991, j'étais aux États-Unis, plus précisément à Merrillville, Indiana. Pour votre gouverne, je vous signale que Merrillville, Indiana, est à moins d'une heure de route de Chicago.

À en croire les panonceaux routiers de l'État, cette charmante municipalité est exactement à 47 milles du lac Michigan. Tout autour s'étend ce qui deviendra, sur des centaines de kilomètres, le Middle West américain. J'y ai fait une excursion de quelques heures dans la campagne environnante : j'y ai vu des chemins alignés au cordeau, des fermes à tous les demi-milles, de petites villes et de gros villages anonymes. Apparemment sans histoires.

Revenons à Merrillville, Indiana. La ville compte environ 8 000 habitants. Quelque part à la rencontre de la campagne et des derniers étalements urbains de la grande mégalopole. Entre vous et moi, je dirais *in the middle of nowhere*. Mais Merrillville, Indiana, a l'insigne avantage d'être à la croisée de deux autoroutes importantes.

Et, comme nous sommes aux États-Unis, au Middle West de surcroît, voilà, tout est dit : la circulation routière, qui coule d'un point à l'autre du pays, est si importante en cette région que

Merrillville concentre le plus grand nombre de chambres d'hôtel et de places de restaurant de tout l'Indiana, à l'exclusion de sa capitale, Indianapolis.

Par acquit de conscience ou peut-être par esprit de contradiction, nous avons décidé, un copain et moi, d'aller manger dans un restaurant — chinois, *why not?* — des alentours... à pied et non en auto. Bien sûr, nous avons failli y laisser notre peau: il n'y avait pas plus de trottoirs dans les parages que de photos de Staline à la chapelle Sixtine.

Mais là n'était pas le plus beau. L'hôtel lui-même était un chef-d'œuvre du genre. Son architecture extérieure était celle d'un centre commercial; l'intérieur était à mi-chemin entre un hangar d'avion et un restaurant polynésien kitsch. Absolument. Les chambres de cet établissement chic (affiliation à une chaîne s'étendant *from coast to coast* et même à l'étranger, tarifs pas piqués des vers, etc.) donnaient une vue imprenable sur un terrain de stationnement aux dimensions olympiques ou — avec balcons privés, s'il vous plaît! — sur une espèce d'atrium central qui constituait l'aire vitale de l'établissement.

Il y avait là, juxtaposés, une piscine aménagée au milieu de faux rochers sous une chute artificielle, une jungle de plastique, des palmiers géants de plastique, des perroquets dont des cacatoès de plastique qui lançaient dans l'air des cris enregistrés et surtout une espèce de bordure de désert avec une vraie jeep à demi enfouie dans du vrai sable, des filets qui pendaient du plafond, lourdement chargés de caisses et autres objets encombrants, tout cela pour souligner, à nos imaginations excitées, qu'Indiana Jones avait dû passer dans le coin!

À côté du piano à queue mécanique — *no joke!* —, un bar en terrasse, défendu par des portes battantes qui rappelaient l'atmosphère d'un Far West chère à nos souvenirs de cinéphiles, trônait au-dessus de ce capharnaüm. Des jeunes filles, aux dents blanches, aux corps bronzés, vaguement déguisées en vahinés, et, bien sûr, resplendissantes de santé, proposaient aux clients, dans un accent nasillard estompant une syllabe sur deux, des boissons exotiques qui coûtaient la peau des fesses ou encore un vaste choix de bières américaines qui, de toute façon, goûtent la même chose.

Et elles servaient ces bières et ces boissons dans des gobelets de plastique. Sacro-sainte habitude nord-américaine de servir aliments et boissons, même en des endroits qui se veulent chics, dans des contenants et avec des ustensiles prêts à jeter. Je me suis alors demandé comment réagiraient des touristes européens à pareille façon de servir la bière et les alcools, eux qui sont habitués qu'on leur serve chaque boisson dans un contenant de verre qui, plus est, possède une forme spécifiquement adaptée : flûte pour les bières blanches et les champagnes, ballon pour les rouges, etc.

Mais les touristes américains assis autour de moi semblaient, c'est le cas de le dire, aux p'tits oiseaux. Ils jouissaient de leurs breuvages et du spectacle. En ce bar et dans les couloirs de l'hôtel, qui s'appellent Bill Cosby Street, Bob Hope Lane *and so on*, j'ai rencontré des gens en bermudas et chemises à fleurs. Car cet établissement était un *resort*, c'est-à-dire un hôtel de villégiature, de toute évidence fort couru et apprécié.

À Merrillville, Indiana, à la rencontre de deux autoroutes, cet hôtel qui ressemblait du dehors à un centre commercial et, au-dedans, à je ne sais plus quoi, était un lieu de vacances prolongées ! À Merrillville, Indiana, il n'y a ni lacs, ni plages, ni stations de ski, ni nuits époustouflantes, seulement la croisée de deux autoroutes, cet hôtel et son univers de plastique. Ce n'est pas tout : faisant partie du complexe hôtelier, une salle de concert de 3 600 places assises — davantage que la salle Wilfrid-Pelletier — accueille régulièrement des vedettes à gros cachets comme Kenny Rodgers et Frank Sinatra.

Mais, en fait, je me trompais : cet hôtel n'est pas situé au milieu de nulle part. Il est situé *in the middle, I would say, of the deep heart of the United States of America*. Cet hôtel, qui serait probablement un flop dans n'importe quel autre pays du monde, fait des affaires d'or parce qu'il correspond aux valeurs profondes d'une grande partie de nos voisins d'outre-frontière. Mieux, il fait partie de leur culture.

❏

Tourisme, culture et rapport Arpin

Redisons-le, le tourisme est un acte culturel.

Il fait partie du mode de vie des gens de se déplacer plus ou moins régulièrement à travers l'espace. Que ce soit au bout du monde ou dans un patelin voisin. Du moins pour la majeure partie des habitants des pays dits développés, il fait partie de la nature des choses de voyager.

Il est déjà loin le temps décrit par Bernard Clavel dans *Celui qui voulait voir la mer* où les individus vivaient à l'intérieur d'un horizon fermé qui se limitait à quelques kilomètres carrés et à un groupe compact de personnes partageant étroitement les mêmes valeurs et la même mémoire.

Et encore, rares ont été les peuples ou les communautés qui sont restés à l'écart des contacts avec l'*étranger*, c'est-à-dire avec tout ce qui diffère du tissu social quotidien. De tous temps, le voyage a fait partie de la culture des peuples : quand le commun des mortels ne pouvait lui-même se rendre ailleurs, il se le faisait raconter par ceux qui y étaient allés. Et l'on connaît l'aura qui a entouré — et qui entoure — les gens qui ont connu l'ailleurs, qui ont vaincu la grande peur de partir, qui ont réussi à partir. Et qui sont revenus : « Heureux qui, comme Ulysse, a fait un beau voyage... »

Le voyage fait partie de l'imaginaire collectif. Et des besoins fondamentaux de tout groupe social et de ceux et celles qui le constituent. Tous les humains ont besoin de voyager, de facto ou par procuration, en écoutant ou en lisant les récits des marchands, des militaires, des explorateurs, des hommes de science, des artistes. Des écrivains et des journalistes. Et l'on sait d'autre part le rôle important du voyage et de l'ailleurs dans l'inspiration et la création artistiques : Du Bellay, Mozart, les impressionnistes peuvent en témoigner.

Le plus extraordinaire et le plus ordinaire tout à la fois est que l'ici de tout un chacun est toujours l'ailleurs de quelqu'un d'autre et réciproquement. Le lieu qui me sera le plus exotique sera par définition le lieu le plus familier, ordinaire, de celui qui y vit jour après jour et qui s'y identifie.

Le tourisme est un acte culturel: il exige une confrontation de valeurs, de différences. C'est vrai quand un Québécois va aux îles Mouc-Mouc et quand un Moucmoucais vient au Québec. Et c'est aussi vrai quand un résidant de l'Outaouais va en Gaspésie ou quand un Beauceron se rend à Montréal: l'écart, le choc de l'ailleurs existe toujours, quelle que soit son intensité. C'est d'ailleurs pourquoi la première chose que les touristes essaient de faire est de réduire l'impact de l'ailleurs, de la différence: ils vont dans les lieux fréquentés par les autres touristes, essaient de manger comme chez eux, de retrouver un univers connu. En un mot, ils essaient de se sécuriser.

Ce sont des réflexions similaires que je livrais à Roland Arpin, directeur du Musée de la civilisation, à propos de la *Proposition* de politique culturelle du Québec qui porte dorénavant son nom. Je m'étonnais en effet de ne trouver trace du tourisme dans aucun de ses axes de réflexion et d'intervention.

Ce n'est pas une dimension qui a été écartée, me répondit-il. Elle n'a tout simplement pas été discutée parce qu'elle n'a pas émergé de nos apports respectifs: à tort ou à raison, elle n'a pas été identifiée comme un thème, comme un facteur lourd. Dès le départ, vous le savez, nous avions choisi de cibler la culture et non de diluer sa portée.

Mais, ajouta-t-il, c'est une mission qui pourrait être développée et il n'est pas trop tard: je verrais bien quelqu'un mobiliser le milieu touristique pour venir défendre cette approche à la commission parlementaire qui débutera ses travaux le 1er octobre 1991.

Pour ma part, je trouverais fort recevables des propositions suggérant d'insérer, par exemple, les voyages — au Québec d'abord et, pourquoi pas, à l'étranger — dans le cursus des programmes scolaires des niveaux primaire et secondaire, et aussi d'autres qui indiqueraient à l'État et à ses différents agents comment considérer le tourisme comme un acte culturel et non seulement comme un phénomène économique.

Mais est-ce rêver?

❏

L'essence touristique
des villes du patrimoine mondial

Qu'ont en commun Jérusalem, Le Caire et le Vatican, Katmandou, Leningrad et Florence, Tombouctou, Brasília et Québec? D'être des villes belles, célèbres? D'être des foyers de culture? D'être aussi des pôles touristiques?

En fait, elles font toutes partie d'un club sélect, comptant quelque soixante-dix membres, celui des villes du patrimoine mondial. Elles ont eu le privilège d'être désignées comme telles par l'agence des Nations unies pour le développement de la science, de l'éducation et de la culture, mieux connue sous le vocable d'Unesco. Québec fut la dernière ville à y avoir été inscrite, en 1985.

Du 30 juin au 4 juillet 1991, quarante-cinq d'entre elles ont délégué à Québec plus de trois cents participants, élus et experts, au premier colloque international des villes du patrimoine mondial. Ils ont discuté des menaces qui pèsent sur la conservation des villes historiques et patrimoniales, de l'évolution démographique, technologique et économique qui exerce sur elles des pressions considérables.

Au terme de ces journées, ils ont signé une déclaration soulignant leur intention de créer un réseau qui aurait pour mission «de susciter, d'entretenir et de développer la coopération ainsi que l'échange d'informations» sur les problèmes et solutions que ces villes peuvent avoir en commun. Pour ce faire, un secrétariat international pourrait fort bien voir le jour à Québec.

Les villes du patrimoine mondial ont en effet des défis d'envergure à relever. Certains sont, je dirais, de nature interne: comment en effet concilier la préservation et la mise en valeur de ce qui fait partie du trésor culturel mondial — et est reconnu comme tel — avec la dynamique même d'un corps organique qu'est une ville, qui doit évoluer et se transformer pour continuer de vivre? Autrement dit, ces villes sont-elles condamnées à devenir et rester des vitrines — fussent-elles culturelles — pour la plus grande satisfaction du reste de l'humanité?

D'autres défis sont de nature que je qualifierais d'externe : ils relèvent du fait qu'elles connaissent toutes une forte fréquentation touristique, en raison justement de l'attention sinon de l'admiration que leur porte la communauté mondiale. Elles reçoivent, pour ces raisons, un influx et une pression supplémentaires de la part de tous ces visiteurs, étrangers à leur vie quotidienne, qui viennent ajouter leurs préoccupations et attentes à celles de leurs résidants. N'oublions pas que ces visiteurs n'ont pas que des aspirations culturelles à combler, mais aussi des besoins qui peuvent sembler terre à terre, tels l'hébergement, la restauration, la circulation, etc., et qui n'en sont pas moins impératifs.

Il y a là, ça vaut la peine de le souligner, une forme de transfert d'identité. De trésors culturels, ces villes sont devenues, par leur reconnaissance même, des destinations touristiques encore plus attrayantes. Ce sont désormais des entités touristiques. Pour être vraiment reconnues au sens plein du terme, elles doivent être connues, c'est-à-dire visitées, appropriées par le plus grand nombre possible de personnes.

Encore une fois, l'action du tourisme est ici ambivalente. Celui-ci, indéniablement, permettra aux villes du patrimoine mondial de rayonner, de franchir les limites de leurs sites et d'aller vers les hommes aux quatre coins de la planète. Mais le tourisme, on ne le sait que trop, est souvent un facteur très actif de dénaturation des lieux et communautés d'accueil, de nivellement par la base, de dégradation des paysages et des valeurs culturelles.

Il est donc à espérer que les maires qui font partie du comité directeur provisoire, de l'*incubateur* comme l'a qualifié son président, Jean-Paul L'Allier, maire de Québec, chargé de préciser le rôle que devrait jouer ce réseau international, sauront tenir compte de cette dimension lors de leurs réflexions et discussions, au lieu de s'en tenir aux seules considérations «internes». Le maire de Cuzco, ville tout autant inca que péruvienne, a déclaré que ce colloque et ses conclusions avaient constitué un pas de plus vers «la conscience universelle». Ce sera l'occasion ou jamais de le démontrer.

❑

Dubrovnik et l'utopie touristique

Comme Québec, Vienne ou Amsterdam, Dubrovnik, ville portuaire croate, a été reconnue, voici quelques années, comme trésor du patrimoine mondial et placée, pour ce faire, sous la protection de l'Unesco. Protection toute symbolique jusqu'ici, qui n'a pas encore empêché l'armée et la marine fédérales yougoslaves de la bombarder.

Le 25 octobre 1991, le délégué exécutif du secrétaire général des Nations unies pour les activités humanitaires dans le Golfe, le prince Sadruddin Aga Khan, a lancé un appel au secours : « Dubrovnik doit être conservée pour l'avenir comme une expression du génie humain qui transcende les divisions idéologiques, politiques et ethniques. » Comme une réalité et un symbole.

Le sort réservé à Dubrovnik pourrait nous renseigner sur l'évolution de la conscience touristique dans le monde et en Europe en particulier. Et sur la capacité réelle du tourisme de mener les hommes vers une meilleure compréhension mutuelle. En un mot, vers la paix.

Car, pensez-y, si tous les touristes qui sont passés sur la côte dalmate et qui y ont admiré les beautés de l'ancienne Réguse byzantine, de celle qui fut « l'Athènes des Slaves du Sud », qui ont photographié ses remparts des XIIᵉ et XIIIᵉ siècles, ses témoignages du Moyen Âge, de la Renaissance, du style baroque des XVIIᵉ et XVIIIᵉ siècles, si tous ces gens qui ont visité ses musées et apprécié leurs tableaux et collections décidaient de se rappeler l'émotion et la qualité d'être que leur a procurées Dubrovnik, peut-être se choqueraient-ils et interviendraient-ils avec vigueur auprès de leurs gouvernements respectifs pour qu'ils prennent des mesures propres à faire cesser les combats en Yougoslavie.

Utopie ? Peut-être bien.

Il est fort possible en effet que toute la *quête* touristique ne soit qu'une vaste utopie, qu'un aimable mensonge que nous

nous contons tous et toutes, le soir à la veillée. Qu'une immense foire commerciale intéressée au seul profit, porteuse d'aucune valeur morale, intellectuelle et humaine.

Si cela était vrai, il faudrait en conclure que les touristes apprécient avec leur dent creuse les trésors de l'humanité et de la nature que le voyage leur permet de connaître et d'apprécier *in situ*. Si cela était vrai, il faudrait admettre que tous les touristes ne forment qu'un vulgaire troupeau de consommateurs intéressés à mettre dans leurs colonnes de comptabilité personnelle les expériences et les acquis du voyage, comme des actions à la bourse ou des biens meubles achetés au magasin, comme toutes les autres acquisitions matérielles dans la course à la possession.

Si cela était vrai, le voyage ne laisserait pas de traces culturelles ni de morales durables dans la conscience et l'inconscience de l'humanité et de ses membres. Peut-on espérer — sans toutefois se faire d'illusions — que le tourisme rapproche les hommes de cette planète, que les gens qui ont vu et aimé Dubrovnik s'en souviendront et qu'ils voudront la sauvegarder et la protéger, pour le futur de l'humanité ?

Imaginez Québec sous les bombes ! Imaginez notre détresse devant cette partie de nous-mêmes qui partirait en ruines. Imaginez celle des Croates et aussi de beaucoup de Yougoslaves devant Dubrovnik en lambeaux. Beyrouth n'est plus l'ombre de la ville opulente qu'elle fut et le Cambodge a été sacrifié à la folie. Paris, nous dit l'histoire, fut épargné par les nazis et Rome par les Alliés. Mais la cathédrale de Coventry, phare du génie anglais, croula sous les bombes allemandes au début de la Deuxième Guerre mondiale et, plus tard, à la mi-février 1945, presque à la fin du conflit, les bombardiers américains et britanniques pilonnèrent la ville de Dresde, rayant de la carte tous ses monuments et beautés architecturales, tuant du même coup 250 000 personnes.

Si les hommes « ordinaires » sont incapables de refréner leur volonté de tuerie et de destruction, peut-on espérer que les touristes, ces hommes « particuliers » qui ont voyagé et vu *ailleurs* comment les autres hommes vivent, puissent avoir assez de poids et de conviction pour modifier le cours de l'histoire ? Dites-moi, est-ce si utopique de le croire ?

❏

L'apport touristique des musées

Que partagent le Louvre de Paris, le British Museum de Londres, le Rijksmuseum d'Amsterdam, le musée Gulbenkian de Lisbonne, le Musée des beaux-arts de Montréal? La réponse est simple: ils comptent parmi les principales attractions touristiques de leurs villes respectives.

En 1991, parmi les dix attractions touristiques les plus fréquentées à Montréal, se trouvaient surtout des institutions à caractère muséologique: l'Insectarium, le Jardin botanique, l'Aquarium, le Musée des beaux-arts, le planétarium Dow, le musée David-MacDonald-Stewart et le château Ramesay. À Paris, le centre Georges-Pompidou reçut, en 1989, 7,1 millions de visiteurs alors que d'autres lieux à caractère également muséologique, tels le château de Versailles et l'église Notre-Dame, accueillirent respectivement 2,2 millions et 8 millions de visiteurs.

En fait, 70 millions de personnes ont visité les musées français en 1991.

Il est impressionnant de constater à quel point les institutions muséales françaises subissent, durant la période estivale, une forte croissance de leur taux de fréquentation: certains musées atteignent des taux records allant au-delà des 7 000 % d'augmentation! Cet engouement pour les musées se fait surtout sentir dans les régions les plus réputées au point de vue touristique et coïncide avec les mois de la haute saison. Pendant le reste de l'année, le nombre d'entrées baisse radicalement.

En 1991, sur cinq millions de visites enregistrées au Louvre, trois millions étaient le fait d'étrangers (dont 30 000 Canadiens) en séjour en France et un million de Français provinciaux en séjour dans la capitale ou en région parisienne. Les Parisiens (Paris et région) représentaient moins de 20 %.

Ces observations sont extraites de deux textes, *Le musée comme élément du voyage: aperçu historique*, de Marie-Janou Lusignan, et *Musées et tourisme en France — 1970/1992*, de Valéry Patin, parus dans l'édition de juillet 1992 de *Téoros*, revue de recherche en tourisme publiée par l'Université du Québec à Montréal sous le thème *Quand les musées s'ouvrent au tourisme*...

> Diverses études, écrit dans son mot de présentation Marc Laplante, coordonnateur du numéro, ont déjà constaté que les livres-guides touristiques ne manquent jamais de souligner l'existence de la moindre institution muséale ou patrimoniale; le monde touristique n'ignore donc pas les musées.

Et cela remonte à fort loin, comme le note Marie-Janou Lusignan:

> Déjà à l'époque de l'Antiquité, on se rendait principale-ment en Grèce, pour visiter les grands sanctuaires où des collections étaient formées pour rendre hommage aux divinités grecques, et en Égypte, déjà fort populaire, pour des nombreux monuments et sites célèbres. Tous deux étaient le sujet exclusif de guides et d'études décrivant la beauté de leurs monuments et le prestige de leur passé.

> L'accroissement de la fréquentation touristique des musées, monuments et sites, souligne Valéry Patin, a sans doute servi de révélateur dans un monde culturel naguère plus préoccupé de la sauvegarde des biens que de leur présentation au grand public. Mais la crise économique et l'affirmation d'une politique culturelle du patrimoine, en particulier muséographique, ont joué un rôle au moins aussi important.

C'est un tour d'horizon que dresse ce numéro de *Téoros*. Pour le troisième salon des Conférences générales du Conseil international des musées (ICOM) tenu du 15 au 24 septembre 1992 au Centre des congrès de Québec, il a fait appel à des collaborateurs chevronnés qui analysent la relation tourisme-musées à Montréal (Biodôme, Pointe-à-Callière, Musée d'art contemporain, McCord, des Beaux-Arts, Palais de la Civilisation), à Québec (Musée de la civilisation) et aussi à Hébertville au Lac-Saint-Jean où le village tout entier se modèle à une approche nouvelle.

La conservatrice en chef du musée McCord et présidente de la Société des musées québécois, France Gascon, expose les enjeux : « Le monde des musées et celui du tourisme ont tout intérêt à faire au plus tôt le bilan des affinités qui les lient déjà et à conclure, sur le fond, une alliance véritable. » Ce qui ne semble toutefois pas évident, car il n'est pas sûr que ledit monde du tourisme ait vraiment saisi l'importance d'une telle alliance.

En effet, à entendre et à lire ce que disent et pensent la plupart des principaux acteurs du tourisme québécois, le ministère du Tourisme y compris, la culture en général et donc les musées en particulier se présentent plutôt comme des hors-d'œuvre dans une conception et une approche fondamentalement économiques appuyées sur des équipements, activités et attractions privilégiant la consommation et la récréation « non intellectuelle ».

C'est un peu le constat que fait Marc Laplante :

La réponse du monde muséal fut variée et souvent révélatrice. [...] Par contre, le monde du tourisme n'a pas répondu malgré les nombreuses tentatives pour expliciter le sujet à des voyagistes, à des concepteurs de forfaits ou de circuits touristiques, à des responsables de promotion ou à des spécialistes de la visite guidée ! [...] Intégrer les institutions muséales et patrimoniales dans les opérations touristiques régulières n'est peut-être pas la chose la plus simple, même si on n'hésite pas à les utiliser dans les livres-guides et les autres outils de promotion.

Les musées, nous le savons pourtant, se sont largement démocratisés au cours des dernières années et vivent avec un public de plus en plus large et enthousiaste un *love story* beau à voir. Mais le monde du tourisme québécois semble, quant à lui, encore empêtré dans les fils d'araignée qu'on prêtait si allègrement aux musées. Serait-ce encore que la culture fasse toujours peur ?

❏

Tourisme et culture
au Musée de la civilisation

Les musées ne sont pas toujours les porte-poussière que d'aucuns se plaisent facilement à imaginer. Ils peuvent constituer de remarquables attractions touristiques.

Ainsi, le Rijksmuseum est le lieu qui attire le plus de touristes à Amsterdam. Le Louvre, on l'a dit, s'avère une locomotive touristique tout aussi performante que la tour Eiffel. Et que dire du musée d'Orsay, spontanément devenu, tant par son architecture et la qualité de ses expositions que par le dynamisme de son marketing, la coqueluche des Parisiens et des visiteurs de ladite Ville lumière ?

Marketing, voilà un mot d'apparence incongru quand il s'agit de parler de musées. Les termes de culture et de connaissance, tous deux avec un grand c, devraient sembler, n'est-ce pas, plus appropriés.

En 1990, lors d'une causerie devant les étudiants du Module de gestion et d'intervention touristiques de l'Université du Québec à Montréal, le directeur général du Musée de la civilisation de Québec, Roland Arpin, s'est attaché à démontrer à quel point des attitudes et stratégies, telles que le service à la clientèle et le marketing, habituellement réservées aux entreprises et organismes de l'univers touristique, peuvent être très profitablement appliquées à une créature culturelle comme un musée — sans que celui-ci s'en trouve dénaturé.

Le Musée de la civilisation a ouvert ses portes le 19 octobre 1989; au cours de sa première année d'existence, il a accueilli

785 000 visiteurs, soit 485 000 de plus que les 300 000 attendus. Ils devaient être un million en 1991. Des enquêtes maison ont révélé un taux de satisfaction de l'ordre de 96 %. Étonnant? Pas vraiment, car ce musée est intéressant. À preuve, 50 % de sa clientèle est formée d'enfants et 68 % de sa clientèle prend plus de deux heures pour en faire le tour.

Nous sommes le seul musée au monde, a-t-il affirmé d'emblée, dont le matériau de base sont les sciences humaines, les idées des hommes. Au Musée de la civilisation, les objets sont au service des hommes. Notre mandat est clair: le Musée doit intéresser les gens et, pour cela, développer un *love story* avec eux. Nous devons donc être obsédés par le visiteur. Au Musée, tous les employés, quand ils répondent, doivent se demander comment dire oui.

C'est pourquoi j'aime beaucoup ce slogan: *La personne avant toute chose*. C'est cet objectif que nous avons tenté d'atteindre depuis le début. Il faut segmenter les clientèles de façon à traiter chacune de façon particulière. Prenons le cas des gens âgés: ils viennent dans un musée pour s'informer mais aussi pour se reposer et se parler. Il a donc fallu prendre soin de leurs besoins et préoccupations, particulièrement dans l'agencement de l'infirmerie et des toilettes. Nous avons aussi voulu un musée accessible aux familles, un musée qui se visite en famille: nous avons donc fermé la garderie et acheté des poussettes...

Dans son exposé, Roland Arpin a souligné l'importance du cahier de remarques des visiteurs:

Nous l'analysons toutes les semaines. Et j'appelle moi-même les personnes qui nous ont fait les observations, positives ou négatives, qui nous semblent les plus appropriées. Les guides du Musée font, quant à eux, des rapports quotidiens: avec les gardiens et le personnel affecté au service téléphonique, ce sont nos principaux employés, car ce sont eux qui ont le contact le plus direct et le plus soutenu avec la clientèle. Le meilleur et le plus compétent des muséologues du monde ne ferait pas bien son métier s'il n'était à leur écoute.

Le succès, a-t-il ajouté, se gère par les deux bouts : la qualité du produit et la qualité de l'accueil. La mission du Musée est d'être un lieu de plaisir, de détente, de réflexion, de connaissance et d'étonnement pour permettre au visiteur d'établir un rapport critique avec son histoire, son passé, sa culture et son avenir. Pour réaliser ce programme, il doit, comme le Centre Georges-Pompidou de Paris par exemple, être polyvalent et pluriel, offrir un menu varié, associant expositions permanentes et temporaires. Nous devons monter des expositions à la fois documentées, vivantes, intéressantes. Et aller chercher le monde.

Ce genre d'approche, on s'en doute, n'a pas fait l'unanimité. Dans le milieu des musées québécois, Roland Arpin et son équipe ont fait lever bien des sourcils. Notamment quand celui-ci a accepté que le Musée soit l'hôte, pendant quelques semaines, de l'émission *Les Démons du midi* dont la clientèle et la portée ne semblent pas, à première vue, coïncider avec une telle institution...

Nous devons prendre tous les moyens corrects. Cette émission-là a attiré chaque jour au Musée de 700 à 800 visiteurs qui autrement ne s'y seraient jamais intéressés. N'oublions pas qu'au Québec seulement 35 % des Québécois profitent du budget alloué à la culture.

Au passage, il en a d'ailleurs profité pour glisser une petite tactique de marketing :

Nous avons invité tous les chauffeurs de taxi de la ville de Québec à visiter gratuitement le Musée pour qu'ils identifient l'idée même de musée au Musée de la civilisation et qu'ils pensent y emmener tout visiteur qui cherche un musée ou un endroit intéressant à découvrir. Et cela, croyez-moi, n'enlève rien au Musée. Il faut développer des synergies, organiser des réseaux avec des partenaires, que ce soit d'autres musées, les milieux d'affaires, des municipalités, des associations ou clubs sociaux.

Le Musée de la civilisation est situé dans la basse-ville du Vieux-Québec, en face des immenses bâtiments qui défigurent le Vieux-Port. Sa construction a impliqué l'intégration et la rénovation de l'ancien Institut de marine et de la maison Estèphe, monument historique datant de 1752, ainsi que la restauration des voûtes de la maison Pagé-Quercy. À l'heure actuelle, 35 % de sa clientèle provient de l'agglomération de la capitale, 25 % de Montréal, 20 % de l'extérieur du Québec et, finalement, 20 % proviennent des régions. Un de ses objectifs est de contribuer à l'augmentation du nombre de visiteurs de Québec et de les recevoir en ses murs. C'est dans cette optique que le Musée a accepté de prendre la direction et la gestion de l'animation de la place Royale.

Il nous faut aller vers les gens, vers la ville. Le Musée fait partie de la ville. De sa vie, de son image. Le maillage est serré. Et, encore une fois, l'approche doit être la même: la qualité du produit et l'importance de la personne.

Tourisme et culture sont proches parents...

❏

Tourisme et culture : de vieilles peurs bien ancrées

Le tourisme québécois a-t-il peur de la culture?
Voyons l'anecdote.
Au hasard d'un événement officiel, j'ai rencontré l'un des principaux dirigeants de l'Association touristique régionale —

ou ATR — de Lanaudière. Nous parlons, bien sûr, de l'été 1992 qui fut moche partout au Québec.

— Lanaudière, me dit-il, a été la seule région où le tourisme a progressé cet été. On attend les derniers chiffres pour en avoir la confirmation. On est bien contents.

— Et, je lui demande, comment ça s'est passé pour le Festival de Lanaudière ?

— Pas mal...

— Pas plus que ça ?

— Oh ! tu sais, ce n'est pas une attraction touristique si forte que ça. Les gens viennent et repartent dans la même journée. Ils ne restent pas longtemps. Pis, c'est surtout des gens de Montréal, pas vraiment des touristes.

Les bras m'en sont tombés. Reprenant mes sens, je lui demande s'il connaît le Festival de Salzbourg en Autriche, celui de Montreux en Suisse. «Non», me répond-il. Mais vous savez comment sont ces discussions à bâtons rompus : une tierce personne se joint à vous et la conversation prend une autre voie, bye ! bye ! pour le reste.

J'ai gardé de ces propos une impression bizarre. Je connais depuis plusieurs années l'homme en question : énergique, sympathique, impliqué, très au fait de la réalité touristique du Québec et de sa région. Plus que ses remarques, ce sont ses regards dubitatifs, sceptiques, quand je lui parlais d'événements culturels à l'étranger comme dans sa région qui me laissèrent songeur. Comme si j'étais un Martien, beaucoup moins sérieux qu'il ne l'avait cru durant si longtemps...

Nous connaissons le Festival international de Lanaudière, ses hauts et ses bas. Entre autres, tout le bruit fait autour du coût de sa salle de concert et de certaines performances financières. Nous savons qu'il s'en est fallu de peu pour que l'événement disparaisse à jamais. «Un gouffre financier», ont soutenu certains.

Les gouffres du genre, ça nous connaît au Québec. À commencer par le Stade olympique de Montréal — qu'on a transformé en attraction touristique pour en assurer la rentabilité... Et, si l'on s'interroge sur la viabilité sinon la survie des Expos, des milliers de voix se font entendre pour dire qu'ils sont essentiels à l'économie du Québec, au standing et à l'image de Montréal. Et aussi à son développement touristique. Mais le Festival international de Lanaudière?...

Pourtant, cet événement est d'une exceptionnelle qualité. Et d'un grand rayonnement. Il a fait venir à Joliette et ses environs, donc en des lieux inconnus sur la carte du monde, des artistes activement sollicités sur la scène internationale. Au milieu donc d'une vive concurrence qui dépasse largement les frontières du Québec, le Festival de Lanaudière a tiré plus qu'honorablement son épingle du jeu.

Ailleurs, tout le monde en serait ravi. Et tout le monde en est effectivement ravi. Ces dernières années, j'ai reçu, comme bien d'autres journalistes, des masses de documents vantant les mérites du Festival de musique de Saratoga dans l'État de New York et de celui de Salzbourg qui présentent des orchestres et artistes d'une stature internationale. Et personne, là-bas, ne doute du bien-fondé d'un tel événement. Ni à Montreux où j'étais en octobre 1992 : au contraire, tout le monde est convaincu de la valeur de son festival de jazz, bien entendu, mais aussi de son festival de musique classique.

Mais, au Québec et dans Lanaudière, on doute. Peut-être parce qu'on est plus fins et plus brillants qu'ailleurs. Et l'on dit : « O.K. ! admettons que ce soit un événement culturel de qualité. Doit-il pour autant coûter si cher ? Est-il pour autant un facteur de développement touristique ? » Sans se douter que le raisonnement est fait à l'envers.

Le Festival international de musique de Lanaudière a fait ses preuves. Amplement. Sur le plan artistique, il s'entend. Il ne lui appartient pas de démontrer sa valeur et sa force touristiques. Cette responsabilité incombe aux personnes et organismes œuvrant dans le tourisme. Joliette est à moins d'une heure d'automobile non pas de Saint-Pompon-des-Éloignés mais de Montréal, centre urbain de près de trois millions d'âmes, qui est également le principal foyer touristique du Québec — ce qui n'est pas un mince avantage.

Normalement, il faudrait se féliciter d'une telle situation, d'une telle proximité. Et non constater, avec une pointe d'amertume : « Ah! la plupart des clients du Festival de Lanaudière sont des résidants de l'agglomération montréalaise qui retournent chez eux le soir.» Il y a là, comme aurait dit un de mes oncles, une *torvisse* de bonne occasion d'ajouter une dimension touristique à un événement culturel. Ce qui veut dire, en termes concrets : produire des brochures décrivant Joliette, ses alentours et les églises où ont lieu les concerts, proposer des circuits balisés et commentés, mettre sur pied des forfaits incluant concerts, restauration, hébergement et autres activités, en un mot prendre les moyens pour inciter les gens à rester dans Lanaudière et à en découvrir les attraits et ressources.

Ce qu'on fait pour le golf, la chasse et la pêche, la motoneige et le ski, pour les Expos et que sais-je encore, devrait pouvoir se faire pour un événement culturel, surtout s'il est d'une qualité hors de l'ordinaire. Mais il semble que tout ce qui touche à la culture désempare et fasse peur. Au point parfois de fausser les initiatives et les raisonnements.

Chapitre 3

Attitudes, valeurs et comportements

Qu'est-ce que je veux? ne sentez-vous pas quelquefois que vous pourriez mourir si vous ne saviez pas ce qu'il y a derrière ces collines-là? Ah! le Golden Gate! Au-delà, tous ces endroits qui attendent que je vienne les voir. J'ai vécu à Oakland toute ma vie, mais je n'y vivrai pas jusqu'à la fin de mes jours, pour rien au monde! Je vais partir... partir...

Jack London,
The Valley of the Moon

Sexe et voyage :
la recherche d'un paradis perdu

Laissez-moi d'abord vous citer cet extrait (la traduction est de moi) :

Je vais vous parler d'un VRAI paradis polynésien. Il se trouve à Hawaï, sur une île appelée Maui, au bout d'un petit chemin qui se perd sur un littoral isolé : c'est McKenna Beach et vous ne l'oublierez jamais. Cachée derrière les dunes, une plage d'un mille de longueur, l'une des plus belles de tout le Pacifique. Et des centaines de personnes, jeunes pour la plupart, qui s'ébattent dans le plus simple appareil, s'offrant au soleil, nageant, s'adonnant à des jeux... Des centaines de personnes faisant l'amour de la façon la plus parfaite qui soit, ouvertement et sans complexe. À deux ou en groupe. Croyez-moi : vous n'avez jamais rien connu de tel. Vos inhibitions disparaîtront d'elles-mêmes, vite et facilement. Vous arriverez étrangers, vous repartirez amants.

Ce texte est tiré d'un ouvrage intitulé, rien de moins, *Sexual Vacations : Where, How and How Much*, publié à New York voici une douzaine d'années chez J. R. Publishing Company. Le reste était de la même sauce. Puisant à pleins mots dans le langage de la pub et de la consommation à tout va, un tel livre ne s'encombrait pas de nuances : il se voulait le guide de la baise à travers le monde.

Pour ce faire, il faisait appel, directement et ouvertement, aux vieux rêves de l'évasion et du retour au paradis perdu en conjuguant des espaces inconnus révélés par le voyage à des extases inconnues révélées par le sexe. En fait, la pub et les brochures dites d'information affirment la même chose, mais sur un ton subliminal: elles montrent dans des espaces idylliques des corps jeunes et beaux empreints d'une sensualité toute hédoniste; elles font dans le registre Harlequin ce que *Sexual Vacations* faisait dans le registre *Penthouse*.

Certains endroits des Antilles, par exemple, se sont acquis une réputation de *baisodromes*. Même des jeunes filles bien sages et des gars timorés ou qui ne *pognent* pas y ont laissé leur retenue au fond des valises avec les quelques vêtements d'hiver pour accéder, sous le soleil tropical, à un abandon et à des plaisirs restreints ou interdits par la vie de tous les jours dans leur lointain chez-eux. C'est là l'un des miracles du tourisme, celui de permettre au commun des mortels de transgresser, ailleurs et pour un temps donné, des règles et des codes dûment observés dans le quotidien. De s'éclater, de s'envoyer en l'air, de devenir presque des supermen, des superwomen. Des demidieux. D'être au-dessus des risques.

La venue du sida a changé les choses. Pour beaucoup, la fin de la récréation a sonné; ils sont rentrés dans le rang des gens bien sages: finies les folies, on voyage en couple, on se tient par la main en jetant le moins possible des regards nostalgiques sur les maillots d'autrui. Et on se couche tôt. La plupart des gens font plus attention et soignent leurs ébats en menant souvent d'indiscrètes enquêtes sur leurs éventuel-le-s partenaires et tenant à portée de main (?) le précieux latex. Il n'y a pas que la récession qui fait des ravages dans l'économie touristique...

Quoi qu'on en dise et quels que soient les freins imposés pour l'instant par la crainte du sida, il serait illusoire et hypocrite de croire ou de prétendre que le sexe va disparaître de la sphère du voyage. Chaque semaine, des *junkets* de quelques jours font déferler des milliers de mâles japonais dans les bordels de Thaïlande et d'Indonésie où ils trouvent, prudence oblige, des prostituées de plus en plus jeunes et potentiellement «plus saines», sinon de jeunes garçons à peine pubères. Et des exemples similaires en notre vertueux monde occidental ne manquent pas, croyez-moi!

J'ai encore en mémoire cette réflexion d'un personnage autrefois en vue sur la scène touristique québécoise : « Montréal aura toujours des difficultés sur le marché du tourisme d'affaires et de congrès parce que sa prostitution, ordinaire et de haut vol, est mal organisée. » Avez-vous des frissons d'horreur devant tant de cynisme ? ou de franchise ? Croyez-vous vraiment que de telles considérations n'entrent pas dans l'organisation de nombreux voyages d'affaires ni dans la planification de congrès de toutes sortes ? Vous croyez que ces bons pères de famille, un peu ventrus, aux cheveux plus rares et au pouvoir de séduction encrassé, restent tous dans leur chambre, tels des angelots, à écrire des lettres pâmées à leur moitié esseulée ?

Voici une quinzaine d'années, un Américain a fait une petite fortune en publiant aux Viking Press de New York une brique de 526 pages, *Mankoff's Lusty Europe — The First All-Purpose European Guide to Sex, Love and Romance.* Il n'avait pas lésiné : il avait parcouru plus de 150 000 kilomètres et interviewé 7 500 personnes pour répertorier pas moins de 3 128 établissements distribués dans 51 villes et 17 pays.

Si vous êtes un adepte des ligues de moralité publique, ne criez pas trop tôt victoire devant les attitudes en apparence plus réservées du touriste moyen en proie aux affres sidatiques : celles-ci passeront avec le temps et les médecines que le « progrès » lui procurera. Et notre touriste, à la poursuite d'un paradis perdu où rien n'était défendu, retournera bien vite aux délices illicites de la luxure exotique, dût-il y perdre son âme, sa santé et sa vie...

❏

Sur la piste des Rois mages

Ils s'appelaient Melchior, Gaspard et Balthazar. La tradition en a fait des Rois mages. Des sages, car ils savaient, contrairement à tout le monde ou presque, qu'un grand événement s'était produit. Des sages qui avaient su reconnaître le signe brillant inscrit dans le ciel. Des sages qui n'avaient pas craint de quitter leur palais, séance tenante, et de suivre l'étoile. De partir pour un long voyage.

Melchior, Gaspard et Balthazar, dit toujours la tradition, venaient de contrées lointaines sinon mythiques. Dans la civilisation chrétienne, ils font partie des voyageurs les plus connus, chaque année ramenant leurs figures symboliques de puissants de ce monde venus se pencher sur l'enfant parmi les bêtes et les bergers.

Peut-être chantez-vous encore en famille ce chant de nos parents :

Et sur leurs chars
Ornés de toutes parts
Trois rois modestes comme d'anges
Trois rois debout parmi les étendards.
L'étoile luit
Et les rois conduit
Par long chemin devant une pauvre étable
Par long chemin devant l'humble réduit.

Une soixantaine de générations ont passé depuis. Les hommes oublient. Ou du moins déforment les traits du temps. Noël est maintenant la fête que l'on connaît. L'esprit des cadeaux, des vacances et de la consommation l'emporte sur le sens religieux et mystique. Et la fête des chrétiens a elle-même oblitéré depuis longtemps le vieux sens de Noël incorporé au cycle des saisons : instant de l'année où le « soleil s'arrête », le solstice d'hiver — qui se produit habituellement le 21 décembre — correspond dans l'hémisphère nord à la plus courte période d'ensoleillement. En raison de l'inclinaison de l'axe du globe, les rayons du soleil atteignent obliquement cette partie de la terre, y dispensant peu de lumière et de chaleur. Au lendemain du solstice, Noël a pris la relève des fêtes antiques de la lumière sur les ténèbres, temps du renouveau, de la générosité et de l'espoir.

Aujourd'hui, les voyageurs ne suivent plus l'étoile des Mages à Noël. Ici, ils optent pour le chalet de ski, les plages du

Sud ou encore les pistes des Alpes. C'est devenu leur pèlerinage, leur retour vers l'espace privilégié. Pourtant, malgré les apparences, le voyage restera toujours une espèce de quête initiatique. Au-delà justement des apparences, des satisfactions terrestres, de l'évasion hors du quotidien, le voyage n'est pas qu'une fuite en avant ou une consommation d'espaces et de biens et services ailleurs.

Tout voyage nous confronte avec nous-même. Avec nos attentes, nos valeurs, nos inhibitions. Avec nos peurs aussi. Parce qu'il nous sort du cocon sécurisant des habitudes journalières, le voyage nous excite et nous angoisse tout à la fois. Il est la reproduction, à une échelle ponctuelle, de notre passage à travers la vie.

Comme Melchior, Gaspard et Balthazar, nous portons nos présents — camouflés le plus souvent derrière la superbe de notre pouvoir de dépenser et de nous faire servir. Nous oublions que le voyage est d'abord affaire de modestie, d'ouverture et de disponibilité. Le but ultime du voyage est d'avancer : vers une destination, vers les autres collectivités humaines, vers soi.

En ce sens, le voyage est une recherche du dépassement, de pousser plus loin « l'humaine condition » si chère à Montaigne. Son terme est de retrouver, en nous-même et dans l'autre, dans des ailleurs plus ou moins lointains et exotiques, l'universalité et la finalité de l'homme et de la nature. D'accéder à une plus vaste connaissance et de permettre à la lumière de l'emporter sur les ténèbres.

Mais il y a loin de la coupe aux lèvres. On aurait pu croire que l'explosion des voyages, du moins au sein des sociétés mieux nanties, aurait permis de rapprocher les hommes, d'empêcher la destruction de lieux chéris par la mémoire de l'humanité et le massacre continuel de populations civiles aux quatre coins de la planète. Pourtant, rien de tel ne se produit : le voyage ne semble être qu'un moyen de faire circuler personnes et argent, et non les idées et préoccupations morales.

En décembre 1990, la Commission touristique du Danube, *Die Danau*, formée de huit pays riverains du grand fleuve, l'Allemagne, l'Autriche, la Bulgarie, la Hongrie, la Roumanie, la Tchécoslovaquie, l'URSS et la Yougoslavie, enjoignait, au

nom du tourisme « ami de la paix », les deux parties de ce dernier pays à déposer les armes et à entamer un processus de paix.
Qui l'a entendue, croyez-vous ?

Ainsi en est-il à Jérusalem : depuis des générations, des siècles et des millénaires, des individus et des sociétés se disputent,
au lieu de les partager, des endroits qualifiés — par les différentes parties elles-mêmes — de Lieux saints, de Terre promise. Depuis des temps immémoriaux, des gens de toutes conditions se transforment en pèlerins et partent des confins de la
terre pour aller fouler et voir cet espace sacré. Sans que rien ne
change vraiment.

Faut-il désespérer des hommes ?

❑

La nécessaire humilité du voyageur

Le voyageur est-il conquérant ou conquis ?

Je suis toujours quelque peu étonné — voire horrifié en certains cas — quand je vois des voyageurs se comporter en conquérants. Et pourtant, je devrais m'y être habitué : parce qu'ils
ont un pouvoir de dépenser, réel ou à crédit, en des endroits qui
ne sont pas de leur quotidien, la plupart des voyageurs font
comme si la Terre et leurs habitants étaient leurs vassaux.
« Servez-moi, affichent-ils, je suis le maître ! »

Trop souvent, on ne va trouver chez eux qu'un piètre intérêt
pour les lieux et les personnes rencontrés. On dirait qu'ils ne
vont pas ailleurs pour regarder, écouter, observer, pour entrer en
contact avec des univers — naturels, mentaux, culturels — différents, mais pour paraître. Pour afficher leur domination.

Combien de fois ai-je entendu des gens manifester incompréhension, irritation ou même intolérance au retour de
voyages : « Si tu savais, mon vieux, comment ils mangent mal
là-bas !... » Ou encore : « Ce monde-là vit carrément tout croche,
j'te l'dis. Ils sont en retard, les choses sont mal faites. Ils sont

prêts à te voler chaque fois qu'ils ont une chance. Ah! je t'assure, on est bien mieux chez nous!»

Cette affirmation, péremptoire ou exprimée avec plus de nuances, se retrouve dans la bouche d'une surprenante variété de gens, soient-ils même plus instruits et plus habitués aux voyages que la moyenne ou avoir de meilleurs revenus. Force est de constater que le voyage sert en grande partie à conforter nombre de voyageurs dans leurs convictions de suprématie. C'est à se demander parfois s'ils ouvrent les yeux et les oreilles ou s'ils ne sont attentifs qu'à leurs seules pulsions, qu'à leurs seules peurs, qu'à leur seule insécurité.

Un soir, à Berne, capitale de la digne Suisse, dans le vieux quartier avoisinant la gare, le hasard avait réuni à une table de restaurant des gens d'origines et d'âges fort variés. De vingt-trois à quatre-vingt-deux ans: Pin de Thaïlande, Cameron d'Angleterre, Bong de Corée, Guido d'Argentine, une Suissesse et moimême. Caractéristique commune: le journalisme. Des personnes peu représentatives de la majorité en fait: curieuses par métier, peut-être trop marquées aussi par de fréquents voyages.

Mais ce que j'y ai entendu m'a rappelé des conversations, voici trente ans, vingt ans ou l'an dernier, à une terrasse au Maroc, sur un quai en Écosse, dans une salle de pas perdus au Brésil, avec des Néerlandais très comme il faut, des jeunes ivres de départs et sacs au dos, des Asiatiques, des Américains, des gens de tous âges, de toutes conditions. Des gens qui avaient le feu du voyage.

Des conversations qui disaient:

Le voyage, c'est une école. Une école d'humilité. Tu pars. Loin, très loin ou à côté de chez toi. Et qu'est-ce que tu trouves? Du monde qui vit différemment, qui pense différemment. D'autres langues, d'autres habitudes, d'autres valeurs, d'autres cultures. Qu'est-ce que tu découvres? Que ces langues, habitudes, valeurs, cultures valent bien les tiennes et que tu peux beaucoup en apprendre.

Qui disait hier, Cameron ou Pin?

On est presque six milliards. Chacun est une vie. Un destin. Une trajectoire dans l'histoire de cette planète. Qui disparaîtra. Ailleurs que chez soi, rien n'a plus les mêmes proportions, la même importance. Tout prend plus de distance. Le voyage, c'est l'apprentissage de la relativité. Ailleurs, les gens vivent aussi bien, sinon mieux que nous. Et différemment. Qui sommes-nous pour nous croire supérieurs, conquérants? Alors que nous sommes conquis...

❏

Ces petits riens qui font tout

Laissez-moi d'abord vous citer ce court extrait:

En cette fin d'automne pluvieuse, Higgins, ex-inspecteur-chef de Scotland Yard, se consacrait à l'un de ses plaisirs favoris, l'entretien de sa roseraie où il se livrait à de subtiles expériences nécessitant doigté et tendresse. S'il avait quitté le Yard, où on lui promettait la plus brillante des carrières, c'était pour s'adonner aux véritables joies de l'existence, la lecture des bons auteurs, la tonte de la pelouse, les longues promenades solitaires dans la forêt et la contemplation d'un feu de bois.

Ces quelques phrases sont tirées, bien sûr, d'un policier, *Higgins mène l'enquête*, de J. B. Livingstone (Éditions du Rocher, 1990), ni pire ni meilleur que la moyenne des honnêtes romans du genre. Mais on connaît la règle que doivent respecter leurs auteurs: captiver les lecteurs dès les premières lignes.

Ici, dans la quiétude automnale de la campagne anglaise, ce sont les plaisirs des petits riens qui procurent les véritables joies de l'existence. Joies qui seront, on le devine aisément, très bientôt perturbées. La réalité dépassant toujours la fiction, pourquoi ce qui est vrai dans un roman policier ne le serait-il pas dans la vraie vie ? Et ce qui est vrai dans la vie ne le serait-il pas dans le *merveilleux* monde du voyage ?

La publicité et la pression sociale ne vont pourtant pas en ce sens. Aujourd'hui, tout autour de nous, le message est clair, unanime et répété sans retenue : le plus engendre le mieux et la qualité est d'abord affaire de quantité. La réponse est conséquente : consommons ! La liberté n'est plus de choisir mais de tout prendre, de tout avoir. Et le plus vite possible, sans attendre. Patience et modération ne sont plus des vertus, mais des faiblesses. Sinon des absurdités.

Pour le touriste, messages et comportements sont conformes à ce modèle. Une fois parti, il faut en faire le plus possible : s'amuser, acheter et dépenser, regarder et se faire regarder en espérant impressionner, manger, boire, prendre du soleil, baiser (si possible avec quelqu'un d'autre que le ou la partenaire ordinaire), profiter de tout. Et, évidemment, se reposer. En évitant toute forme de problème.

Les agences spécialisées dans les voyages organisés et aussi le Club Med ont compris cela depuis longtemps. L'essentiel n'est pas tant le lieu à visiter que la manière de le faire ; et cette manière, c'est de construire une enveloppe de confort et de sécurité afin d'éviter toute forme d'irritant, d'agression et d'inattendu. Afin également que le voyageur-consommateur ait l'impression et la certitude d'en avoir pour son argent.

L'une des maladies les plus pernicieuses qui guette le voyageur est la frénésie. Plus ou moins inquiet, selon les individus, à l'idée d'être ailleurs qu'en son univers familier, celui-ci cherche la fuite dans une forme de consommation à outrance qui se traduit par la volonté d'en profiter au maximum, donc d'en faire le plus possible : traverser dix pays en trois semaines, voir le Louvre en quarante minutes, visiter Saint-Pierre-de-Rome en deux génuflexions et une bénédiction papale, faire — en une même journée — de la plage, de l'équitation, de la plongée sous-marine, du volley-ball, de la planche à voile, aller à la discothèque jusqu'au milieu de la nuit, prendre un verre, faire l'amour quatre fois d'affilée. Et espérer recommencer au même rythme le lendemain.

Pourtant, le voyage est une chose si simple: vivre ailleurs — momentanément — dans l'ici de quelqu'un d'autre. Et s'en laisser pénétrer. Le voyage, qui est fondamentalement une expérience de confiance et de partage, est surtout vécu de nos jours comme un acte d'appropriation, de consommation matérielle et matérialiste. Et nous en vivons, tous et toutes, individuellement et collectivement les conséquences.

En voyage, ce sont souvent les petits riens qui font tout. Et qui en font une des véritables joies de l'existence. Le voyage appartient, dans sa substance, aux quêtes initiatiques. L'itinéraire à travers l'espace vers un ailleurs plus ou moins éloigné, plus ou moins différent, plus ou moins exotique, n'est en fait qu'une découverte de soi-même par le décodage, en divers lieux, des clefs de l'inconnu. Mais l'introspection s'accommode mal de la frénésie...

❏

De la convivialité

Heureusement, la convivialité vit toujours.

Je suis allé récemment en Allemagne et en France et, pour des raisons de tarifs, j'ai fait l'envolée du retour, celle de Paris-Montréal, à bord d'un appareil d'Air Transat, société aérienne québécoise spécialisée dans les affrètements nolisés. Ce que les Français appellent des *charters*.

J'ai alors vécu une expérience qui me ramena quelque vingt-cinq ans en arrière, au temps des vols en Boeing 707 bourrés d'étudiants qui en étaient à leur premier voyage vers la « vieille Europe ». Je précise tout de suite: ce fut une expérience agréable.

Contrairement à ces longs cigares qu'étaient les premiers jets qui assuraient la navette sur l'Atlantique Nord, le Lockheed

1011 d'Air Transat était un appareil récent, spacieux, pouvant accueillir facilement plus de 350 passagers. Là ne résidait pas la ressemblance, mais plutôt dans l'atmosphère qui régnait à bord.

D'ordinaire, il y a au début un léger brouhaha, le temps que chacun trouve son siège et un endroit pour ses bagages à main. Puis, le calme s'installe, tout le monde plongeant dans ses pensées ou une lecture ou devisant à voix basse avec son voisin. Ainsi en est-il, du moins, sur des vols dits réguliers.

Cette fois-là, ce fut autre chose. Déjà, dans la salle de départ à l'aéroport, c'était différent: les gens se bousculaient allègrement à la porte de sortie, sourds aux imprécations des employés qui leur disaient — avec patience et gentillesse — d'attendre leur tour, de procéder selon les numéros de rangée. Peut-être craignaient-ils que l'appareil pût partir sans eux...

Une fois à leur siège, leur taux d'adrénaline ne diminua pas pour autant. Dans la cabine, le niveau sonore resta élevé: les gens parlaient haut, s'interpellaient d'une rangée à l'autre. Ils riaient, faisaient du sémaphore avec leurs bras ou, à genoux sur leur siège, étaient en grande conversation avec leurs voisins. À peine l'avion avait-il décollé et les signaux lumineux s'étaient-ils éteints que tout le monde se répandit dans les allées avec vigueur, en caquetant de plus belle.

Ainsi se passa la traversée. Les rires fusaient, les gens se promenaient. Certains se ramassaient par grappes, le temps d'une photo; d'autres promenaient leurs flashes comme des radars. Quelques-uns avaient déballé leurs caméras vidéo et enregistraient quelques derniers souvenirs. Rares furent ceux et celles qui restèrent à leur place, les écouteurs sur les oreilles.

Durant la pause du film, le rythme se ralentit, mais sans tomber au point mort: on se promenait dans les allées, on levait les volets des hublots pour laisser percer des éclats de soleil; aux points de service et aux aires des toilettes se tenaient des inconditionnels de la parlotte. Lors du repas et de la collation, le personnel de bord eut souvent à rappeler à tout un chacun de dégager les allées et de s'asseoir afin de faciliter le service.

Ici, des compagnons de voyage se rappelaient des moments mémorables; là, des Québécois et des Français fraternisaient. Là encore, des voyageurs s'agglutinaient autour des jeunes filles portant le macaron d'agences de voyages, qui tentaient avec le sourire de répondre à toutes leurs questions. Pour ma part, j'ai renoncé à dormir.

Au milieu de tout cela, les agents de bord vivaient ces heures avec bonhomie, sans impatience ni raideur. « C'est notre clientèle habituelle, me confia l'un d'eux. Ils sont gentils. Ils sont dans l'esprit du voyage. Il faut les aider dans ce sens-là. » L'appareil était plein : trois cent cinquante-huit passagers à satisfaire durant plus de six heures : une rude tâche mais fort bien menée.

À l'arrivée, bien sûr, dès que les roues commencèrent à rouler sur le tarmac, ce furent les applaudissements. Puis, avant de quitter l'appareil, des scènes d'adieu :

— Salut! À la prochaine.

— On vous téléphonera.

— N'oubliez pas de venir nous voir.

— Viens, que je t'embrasse !

Des amitiés s'étaient tissées, des yeux se mouillaient, des gorges se serraient.

Le temps de cette traversée, le voyage avait à nouveau démontré qu'il vivait largement de convivialité, de chaleur humaine, d'échanges. De sentiments partagés, de quant-à-soi mis au vestaire. De spontanéité et d'ouverture. Autant d'attitudes que tous, tant que nous sommes, sommes trop souvent portés à sous-estimer.

Les actualités nous apprennent chaque jour que la vie est dure pour les grandes sociétés aériennes qui en sont réduites à couper leurs effectifs afin d'éviter des hémorragies financières irréversibles. Ces compagnies, comme la plupart des entreprises œuvrant dans le domaine du voyage, auront de plus en plus à satisfaire les besoins et attentes de clientèles fort différentes : comme, d'une part, les gens d'affaires, apparemment blasés et indifférents à l'excitation du voyage, qui exigent efficacité et service sophistiqué; comme, à l'autre extrême, les gens ordinaires, pour qui partir reste encore une aventure, une découverte d'eux-mêmes et des autres.

Les années qui viennent annoncent d'intenses périodes d'adaptation. Pour survivre ou accroître leurs bénéfices, certaines entreprises se spécialiseront davantage dans des créneaux particuliers. D'autres tenteront, parce qu'elles sont condamnées au volume, de résoudre la quadrature du cercle et de satisfaire tout à la fois des clientèles aux besoins diamétralement opposés. Mais partout, l'une des clefs du succès demeurera la qualité du service. Et, dans l'univers du voyage, cela signifie l'attention portée à la personne.

❑

Quand le pouce a stoppé...

J'ai vu il y a quelque temps des gens qui faisaient du *pouce* sur la Transcanadienne. Deux hommes : l'un, certainement dans la cinquantaine, brandissait son bras bien haut et ne semblait pas, pour tout dire, très habitué à solliciter ainsi la bienveillance des automobilistes ; l'autre, quelque part au début de la trentaine, avait tout son barda à ses pieds et sur son dos et, comme une carte de visite, une pancarte bien lisible affichant Edmunston. Manque de pot, ce matin-là, je n'allais pas loin : à peine deux sorties plus loin.

Manque de pot, vraiment ?

Car telle est la question : aurais-je arrêté et fait monter cet auto-stoppeur ? Je suis, je crois, un homme moyen, ni plus ni moins courageux, ni plus ni moins valeureux que la moyenne. Un automobiliste qui lit les journaux et apprend çà et là dans les entrefilets, ou sur trois colonnes quand c'est plus sanglant, qu'un « bon samaritain » s'est un jour fait détrousser sinon zigouiller par un voyageur qu'il avait pris *sur le pouce*.

Et moi-même, père ordinaire et moyen, je serais sûrement inquiet si l'un de mes plus vieux décidait de partir *sur le pouce* au diable vert à travers le Québec et les États-Unis comme l'a fait leur paternel, entre seize et vingt ans. Encore une fois, je me remémorerais toutes ces mauvaises nouvelles : « Quelle sorte de truands ou de dégénérés, me dirais-je, risque-t-il de rencontrer ? » À toutes ces pensées, serais-je porté à lui payer le voyage — « Où tu veux, mon gars ! » — au risque de l'insulter à jamais ?...

Je n'aurais jamais pensé en arriver là. Le pouce est une extra-ordinaire initiation au voyage. Je me souviens de ces voyages où nous partions, mon ami Michel et moi, dès cinq heures du soir de l'autre côté du pont Jacques-Cartier retrouver cette chère ville de Québec une fin de semaine après l'autre. Nous avions chacun un sac de couchage, un livre, un intarissable optimisme et quelques dollars en poche. Nous marchions partout, dans la vieille ville, sur les plaines d'Abraham et la rue Saint-Jean, fréquentions les cafés où les filles avaient des chandails amples et des jeans serrés. La trouvaille: nous couchions, gratis — et seuls ! — dans des sous-sols d'église. La belle vie !

Je suis parti, comme ça, vers Charlevoix — combien de fois ? je ne m'en souviens pas. Mais je me souviens de ce retour du chantier d'Outardes-Quatre là-bas sur la Côte-Nord, avec mon ami Paulo et ce camionneur farceur qui, sérieux conme un huissier, nous a fait descendre de la cabine du camion : «Juste quelques minutes, pour voir, ça vaut la peine...» C'était à Ragueneau, le matin levait à peine de ses brumes et nous étions agenouillés sur les cailloux au bord d'un ruisseau, à chercher des castors.

— Mais oui, mes zozos, il y en a des castors, regardez bien !

— Mais non, il n'y a rien, rien que des cinq *cennes* qui brillent dans le fond.

— Pis, qu'est-ce qu'il y a sur les cinq *cennes* ?...

J'entends encore son grand rire...

Je me souviens aussi de ces deux *pouceux* que nous avions ramassés, Paul (pas Paulo) et moi, au retour de Vancouver. C'était en 1968 et mon Oldsmobile 1958 commençait à s'essouffler: se rendra-t-elle ou non à Montréal? *God knows.* Une fin de journée, dans une campagne derrière Moose Jaw, au bout d'une route goudronnée, deux gars aussi sales que la route faisaient du stop. Pendant une heure, on n'était pas sûrs, Paul et moi, si on avait fait une bonne affaire. Pendant les trois jours suivants, on ne l'a jamais regretté: c'était de merveilleux voyageurs et des gars plus que corrects. On les a déposés à Pointe-Claire et on ne les a jamais revus. Salut, à la prochaine !

Je ne pensais jamais en arriver là. Il y a de moins en moins de *pouceux* sur les routes et ma dernière expérience m'a laissé, je l'avoue, une impression ambiguë : le gars n'avait rien à dire et, quand il parlait, il aurait mieux fait de ne rien dire. Il n'avait pas l'air d'un *bum* mais qu'est-ce qu'un *bum* ? Était-ce moi, était-ce lui ? Que valent les voyages sans les compagnonnages, même fugitifs ?

Avec *le pouce*, s'en va l'une des dernières aventures du voyage. *On the road, again and again.* Pas de billets d'aller, ni de retour. Des destinations imprécises, changeantes, soumises aux caprices et aux hasards des attentes, des conversations engagées avec de parfaits inconnus. Des horaires inexistants, du soleil, du vent, de la pluie qui rentre dans le cou, du froid qui fait rager (« C'est ça ! arrêtez pas, chauffeurs de mes deux !... »). Des tentes montées à la hâte au coin d'un champ, des minutes de sommeil volées à l'ennui, des quignons de pain et des tablettes de chocolat dévorées comme si c'étaient les dernières...

Ah ! les beaux voyages...

En cette société de grande technologie et de haut niveau de vie, nous voilà revenus au brigandage. À la violence partout latente qui peut éclater on ne sait quand, on ne sait où. L'hospitalité aux voyageurs s'est évanouie, victime de sa frousse : nul n'ouvre plus la porte de sa maison au Survenant qui passe ni sa portière d'auto à qui prend la route. Bien sûr, on a inventé des palliatifs, comme *Allo-Stop* qui permet, via une centrale téléphonique, de prendre à bord qui veut faire un bout de voyage. Mais ce n'est pas *le pouce*...

En cette société, le pouce a stoppé. Et, quelque part, le voyage a des ratés.

❏

Spiritualité de la route

Au collège — était-ce il y a déjà si longtemps ? —, une branche aînée du scoutisme recrutait en bonne partie des adeptes du plein air. On les appelaient les *routiers*, car elle leur proposait régulièrement, en toutes saisons, de marcher sur les routes, poussiéreuses ou pavées, partout au Québec et même à l'étranger.

C'était encore aux premiers lendemains de la révolution tranquille. La religion imprégnait toutes les activités ordinaires ou même particulières de la vie, y compris, bien entendu, le scoutisme et les routiers. Je me rappelle, le bon aumônier nous faisait lire et méditer avec application les divers chapitres d'un livre, *Spiritualité de la route*, que j'ai égaré depuis. Cet exercice ainsi que les offices religieux imposés étaient plutôt pénibles aux jeunes gens vigoureux que nous étions: une telle lecture, en particulier, nous paraissait à la fois largement superflue et récupératrice par les autorités religieuses d'un geste simple et élémentaire, celui de marcher en groupe le sac au dos.

Pourtant, si je me souviens bien, les propos du bon abbé-auteur ne faisaient pas trop prêchi-prêcha. Ils allaient en fait dans le sens du titre général et tentaient de dégager comment, en alignant un pas devant l'autre, une personne pouvait regarder en elle-même et aussi s'interroger sur des aspects de la condition humaine. Car il y a, indépendamment de toute religion, qu'elle soit catholique ou non, une spiritualité de la route.

Le thème du voyage dans la destinée de l'homme est universel à toutes les époques, à tous les groupes sociaux, à tous les lieux. Sumériens, Égyptiens de la civilisation du Nil, anciens Chinois, Incas, mahométans, chrétiens, bouddhistes, hindous, animistes et, ma foi, des non-croyants comme les communistes ont célébré le mythe de la longue marche salvatrice. Image et symbole, le voyage a toujours fasciné les imaginations et suscité des appels au dépassement, surtout quand il se fait dans des conditions d'austérité et de dénouement. La marche — ou la route — est de celles-là.

Marche-pèlerinage, comme l'écrivait Nadjm oud-Dine Bammate dans son superbe ouvrage, *Cités d'Islam* (Arthaud): «On vient à La Mecque pour mourir à soi-même et renaître autre. Pour tous, La Mecque est la fin du voyage, la ville, le lieu fortement désirés.» Marche-introspection, comme le notait Alexandre Dumas père:

Rien ne fait marcher le temps et n'abrège la route comme une pensée qui absorbe en elle-même toutes les facultés d'organisation de celui qui pense. L'existence extérieure ressemble alors à un sommeil dont cette pensée est le rêve. Par son influence, le temps n'a plus de mesure, l'espace n'a plus de distance.

En juillet 1992, les médias nous parlaient d'une trentaine de pèlerins de tout âge qui marchaient, pour une autre année encore, de Sainte-Anne-de-Beaupré au sanctuaire du Cap-de-la-Madeleine. Dans son édition du 1er août suivant, l'hebdomadaire français *Témoignage chrétien* a consacré deux pages au thème « Vacances et spiritualité » en constatant d'abord que, comme bien d'autres Occidentaux, les touristes français sont de plus en plus nombreux à fréquenter abbayes et monastères et en leur suggérant ensuite des itinéraires et voyages intérieurs en huit étapes extraites du récent *Guide Mounier des chercheurs de Dieu* (Éditions Plon).

Ces lieux ainsi choisis sont Manrèse, à la lisière de la forêt de Meudon près de Paris, Le Bec-Hellouin, « à la pointe de l'œcuménisme », Ligugé, la plus ancienne des abbayes françaises où le postulant Paul Claudel fut écarté de la vie monastique, Sylvanès, l'abbaye d'André Gouzes, ce « dominicain fou de musique », Saint-François en Corse, Arc-en-Ciel, dans la montagne à 1 200 mètres entre le Grand Bornand et La Clusaz, L'Arbresle, couvent construit en 1957 par Le Corbusier, Mazille, « à l'ombre de Cluny ». Mais on ne dit pas si la marche doit conduire d'un endroit à l'autre...

Route, marche, spiritualité, monastères; ascèse, intériorité, renoncement, effort. Profonde, fondamentale, la filiation n'est pourtant pas exclusive: la marche n'est pas en soi un acte de piété ni de réflexion philosophique ou théologique et, par ailleurs, la recherche d'endroits clos, retirés du monde et de ses œuvres n'utilise pas nécessairement ce moyen qu'est la marche. Mais la route, toute large et pavée qu'elle soit maintenant devenue pour faciliter la circulation rapide des hommes et des marchandises, trace tout de même une voie à laquelle les voyageurs d'aujourd'hui, sollicités par de pressantes valeurs matérialistes et hédonistes, restent encore sensibles.

Chapitre 4

Violence, guerres et paix

Comme un vol de gerfauts hors du charnier natal
Fatigués de porter leurs misères hautaines
De Palos de Moguer, routiers et capitaines
Partaient, ivres d'un rêve héroïque et brutal.

José Maria de Heredia
Les Conquérants

De la phobie des attentats

Avez-vous la phobie des attentats ? Au point qu'elle vous empêche de voyager par avion ?

Si vous ne croyez pas aux pouvoirs des cartomanciennes ni n'avez une absolue confiance en votre bonne étoile, vous devriez lire l'édition de mai 1991 de *Travel Holiday*. Dans une série d'articles assez étoffés, ce magazine américain livre en effet certaines informations propres à vous remonter le moral.

Il relève, par exemple, que les touristes sont rarement la cible des terroristes. Bien sûr, il s'attache à analyser la situation des voyageurs américains, clientèle-étalon tout de même significative puisqu'ils sont plus exposés que les autres voyageurs, en raison du rôle de leur pays sur la scène internationale. Selon les statistiques du Département d'État des États-Unis, dix citoyens américains furent tués dans le monde en 1990; un seul était un touriste et c'était au Pérou. Ce total en 1989 était de quinze assassinés et il n'y avait aucun touriste dans le lot. Donc, 4 % pour l'ensemble de ces deux années.

En 1990, la population des États-Unis s'élevait à 248 709 873 personnes. *Travel Holiday* s'est attaché à comparer différents taux de mortalité. Ainsi, 1 décès sur 294 était lié aux maladies du cœur, 1 sur 550 au cancer, 1 sur 8 946 aux suicides, 1 sur 12 479 aux homicides, 1 sur 37 683 aux chutes survenues à la maison, 1 sur 75 367 aux incendies domestiques, 1 sur 248 710 aux accidents de vélo, 1 sur 325 963 aux accidents d'avion. Et seulement 1 sur 15 544 366 au terrorisme. Comme quoi, il peut sembler plus dangereux de rester chez soi que de voyager par le vaste monde.

Ces considérations veulent évidemment rassurer les gens, les inciter à redevenir des touristes en grand nombre et à redonner un coup de pouce à un secteur d'activités qui bat de l'aile depuis la guerre du Golfe. D'autres statistiques, qui auraient été tirées d'années plus tourmentées, comme celles de la décennie 1970 alors que les détournements d'avions étaient plus fréquents, auraient certes donné d'autres résultats. Qui n'auraient tout de même pas, avouons-le, modifié en profondeur la hiérarchie citée ci-haut, d'autant plus que les mesures de sécurité se sont considérablement améliorées au cours des quinze dernières années.

Et puis, des statistiques restent des statistiques. J'aurais ainsi aimé savoir de combien de morts violentes furent responsables les accidents de la circulation ou encore New York, Washington et autres grandes villes américaines...

Mais ni la peur ni l'anxiété ne se contrôlent aisément. Quelles que soient les causes dites objectives, tout se passe d'abord entre les deux oreilles. *Travel Holiday* fournit aux apprentis sorciers que sont tous les voyageurs un certain nombre de conseils à observer avant de partir, à la fois pour se rassurer et éviter les situations potentiellement dangereuses :

• suivre régulièrement les actualités et choisir des destinations sans soubresauts (ce qui écarte présentement une bonne partie de la planète, depuis la Yougoslavie jusqu'au Salvador);

• bien connaître la destination choisie en étudiant sa situation socio-politique et son histoire récente;

• éviter les dates coïncidant avec des commémorations d'événements tragiques ou des souvenirs douloureux, susceptibles d'entraîner les populations locales à manifester leurs émotions de façon agitée sinon explosive;

• si possible, établir au préalable des contacts avec des personnes qui vivent là-bas;

• laisser une copie de son itinéraire et de tous ses documents (passeport, visas, billets d'avion, cartes de crédit, etc.) à des amis sûrs ou des parents, pour faciliter toute recherche ultérieure;

• choisir une compagnie aérienne qui inspire confiance (ce qui ne veut pas dire grand-chose en réalité, parce que peu de gens sont portés à voyager avec la compagnie El Al, qui est pourtant l'une des plus sûres qui soit);

• faire attention à ses bagages, ne pas les laisser sans surveillance et surtout ne jamais accepter de colis ou de valises d'autrui;

• éviter la foule tout comme les endroits trop déserts;

• dans les aéroports, franchir immédiatement les barrières de sécurité;

• choisir des places au centre et à l'arrière des avions, les détournements se déclenchant la plupart du temps à l'avant des appareils, près des postes de pilotage.

Voilà donc l'essentiel des instructions à l'usage des craintifs. Le magazine pousse même la sollicitude — ou le cynisme? — jusqu'à suggérer des attitudes à prendre si jamais se présentent des terroristes (rester tranquille, ne pas attirer l'attention ni déplacer d'air inutilement, etc.).

Mais, à circuler sur les routes d'ici et d'ailleurs, je demeure persuadé que les plus dangereux terroristes sont les automobilistes. Et, puis, je suis devenu encore plus fataliste le jour où j'ai su qu'une femme de quatre-vingts ans avait été tuée dans son potager — alors qu'elle soignait ses tomates — par un avion à réaction qui s'était écrasé sur sa maison...

❏

De la violence potentielle faite aux touristes

Le carnaval de Rio, certes le plus connu du monde, n'aurait fait en 1991 qu'une quarantaine de morts, un total de loin inférieur aux éditions antérieures.

Naguère nom magique et destination résolument idyllique pour le commun des voyageurs, Rio a vu son étoile pâlir. Sous prétexte de violence et de sida, elle est devenue une ville dangereuse. À éviter presque. Il n'y a pas si longtemps, les gens me disaient, avec une lueur dans les yeux: «Tu es allé à Rio? Chanceux, va...» Aujourd'hui, c'est avec une ombre dans le regard qu'on me pose la question, pour en rajouter tout de go une autre : « Est-ce vraiment aussi dangereux qu'on le dit ? »

Oui, je réponds, c'est une ville dangereuse. C'est une ville de misère, où la pauvreté absolue côtoie le luxe intégral. Une ville d'injustice quotidienne où trop de gens vivent dans des *favellas* où la plupart d'entre nous n'enverraient pas leurs animaux de compagnie. Une ville où les habitants de ces taudis à ciel ouvert et à horizon bouché voient chaque jour défiler des milliers et des milliers de touristes venus de pays mieux nantis. De touristes ne se gênant pas pour faire étalage de leur richesse, réelle ou apparente.

C'est une ville dangereuse où pourtant je ne me suis jamais senti plus en danger qu'ailleurs. J'ai pris les autocars populaires et non les autocars climatisés, plus chers ; je me suis promené sur les plages de Flamingo et de Botafogo fréquentées par les *Cariocas* de toutes couches sociales et pas seulement sur les plages de Lémé, Leblon et Copacabana où s'agglutinent avec ferveur les troupeaux de touristes. J'ai pris le métro le jour, les taxis le soir (des coccinelles à deux portes qui sentent le mazout et la sueur) ; je suis allé au stade de Maracana capable d'accueillir 200 000 fanatiques de *futebol*, je suis allé dans les restaurants, où j'ai vu des enfants affamés et miséreux attendre aux portes ou passer entre les tables pour ramasser des restes dans des écuelles sales.

Je n'ai jamais été attaqué ni volé. Mais je ne me suis jamais baladé à Rio avec de grosses bagues aux doigts, des colliers dans le cou ni de portefeuilles bien épais affichant mon pouvoir d'achat et mon état de victime en puissance. À vrai dire, je me suis fait voler en France et aux États-Unis et me suis souvent senti plus souvent en danger en certains quartiers de Londres, de Paris et même de Zurich — la digne et riche Zurich où l'on a si facilement des frissons dans le dos après 22 heures, aux alentours de la gare et du célèbre parc du centre-ville où se retrouvent, semble-t-il, tous les drogués de la terre.

Rio est-elle dangereuse ? Êtes-vous déjà allé dans le South Bronx à New York, même en plein jour ? Je ne vous le conseille pas, vous auriez vraiment raison d'avoir peur. Comme je ne vous recommande pas la visite de larges pans de Detroit, Baltimore, New Orleans, Miami, Washington (ambivalente entre ses statuts de capitale politique et de capitale du crime), Oakland, ville dure et triste de l'autre côté de la «merveilleuse» baie de San Francisco. Toutes villes, vous l'aurez remarqué, sises sur le territoire de notre voisin immédiat, ci-devant pays réputé le plus riche et le plus puissant de la planète.

Dans son *Histoire illustrée de la littérature policière*, Waltraud Woeller note que

> la *hard-boiled story* (ou roman noir) marque en Amérique le départ du roman policier réaliste qui, au premier abord, avait l'air de se traduire par les quantités astronomiques de whisky ingurgité et la brutalité que devaient supporter le détective et d'autres personnages moins importants.

Comparant ce nouveau genre au roman policier dit classique (Conan Doyle, Agatha Christie et cie), elle ajoute:

> Nul doute que les mœurs régnant au domaine d'un lord du Middlesex étaient plus douces et plus raffinées. Aux États-Unis, l'atmosphère était différente et ce qui prévalait dans les propriétés anglaises n'était pas valable pour les grandes villes outre-atlantique.

La société américaine, nous le savons, est restée violente. Profondément, viscéralement. La société nord-américaine, devrais-je dire. Citant Statistique Canada, la Presse canadienne nous apprenait qu'une recrudescence des meurtres dans plusieurs grandes villes ontariennes a contribué à faire grimper le taux moyen d'homicide canadien de 14 % en 1991. En tout, 792 meurtres ont été commis, portant ce taux à 2,82 par tranche de 100 000 personnes alors qu'il avait été de 2,47 (656 meurtres) l'année précédente.

Proportionnellement à sa population, Sudbury a eu le plus de meurtres, 7 et le taux le plus élevé, 4,65; Montréal, avec ses 109 meurtres pour une population de 3,1 millions, a connu un taux de 3,5; celui de Québec a été de 1,9 (12 meurtres, soit 3 de moins qu'en 1990). La Colombie-Britannique a enregistré le taux le plus élevé de toutes les provinces, 4,11, mais c'est en Ontario, dans ses grandes villes, qu'ont eu lieu les augmentations les plus marquées: Toronto a eu 103 meurtres, 31 de plus qu'en 1990, Ottawa 19, 6 de plus que l'année précédente, alors que Kitchener, Hamilton et Oshawa ont toutes connu une augmentation.

Ce qui n'enlève rien au fait que Rio de Janeiro, puisqu'il faut l'appeler par son nom, soit une ville dangereuse. Pire, elle est maintenant considérée comme une destination touristique non recommandée. C'est avec ce genre de sujets qu'on mesure toute la distance séparant les faits de la réalité perçue. Une destination touristique vit largement de son image: elle fait appel, pour ce faire, aux préjugés, bons ou mauvais, de ses éventuels clients, à leurs valeurs et ultimement à leur confiance. Car il faut un minimum de confiance pour partir.

New York, Miami *and so on* sont des villes tout aussi malformées, sinon davantage. Mais elles ne figurent pas encore au rang de destinations dangereuses — puisqu'elles nous ressemblent. Dans le cas de Rio, il y a de notre part un regard supérieur qui puise paradoxalement sa crainte dans sa condescendance à l'égard de ces contrées et sociétés démunies. Toute crainte, touristique ou autre, s'alimente davantage à des différences réelles et imaginées qu'à la violence ou au danger eux-mêmes. Ce sont ces différences, cet inconnu, qui créent l'appréhension et l'insécurité et qui distinguent, dans l'esprit des voyageurs, les destinations touristiques qui sont dangereuses de celles qui ne le sont pas.

Le reste n'est que conte de fées.

❑

Les Québécois en Floride: les touristes du Tiers monde

Bon an mal an, les Québécois dépensent 750 millions de dollars en Floride. Oui, trois quarts de milliards. Beaucoup d'argent.

La Floride pour nous, du moins pour beaucoup d'entre nous, c'est tout à la fois une religion et sa Terre promise. Aller en Floride, c'est un rêve et un achèvement. Le symbole de la réussite d'une vie.

Cette religion trouve ses adeptes et ses thuriféraires dans toutes les couches de la société. Certains, peu fortunés, réussissent à y passer au moins une semaine par an; d'autres, plus aisés, y achètent un terrain, une maison mobile ou, nec plus ultra, un condo à Fort Lauderdale ou à West Palm Beach. Pour s'évader des soucis d'une charge «écrasante», nos ministres et premiers ministres, eux-mêmes, tant à Québec qu'à Ottawa, vont se faire *bronzer la couenne* sous son soleil.

Des chanteurs, chanteuses et autres membres de notre colonie dite artistique ont donné un second souffle à leur carrière en s'y produisant dans des boîtes bondées à ras bords par des compatriotes soucieux de ne pas perdre contact avec leur «chez-eux». Sur les plages au nord de Miami, nos quotidiens sont aussi faciles à trouver qu'en n'importe quel dépanneur d'ici. En de multiples endroits, de p'tits Québec sont apparus, reprenant dans cet ailleurs floridien la langue et les habitudes d'ici. On va voir «nos» Expos s'entraîner, on se retrouve en famille ou entre amis, on investit de l'argent, on y organise sa retraite. Une caisse pop, l'une de nos institutions les plus sacrées, y a même fait son apparition.

Bref, pour nous nordiques affligés d'un hiver trop pressé de commencer et trop paresseux pour s'en aller à temps, la Floride, avec ses plages, ses palmiers, son climat tropical et surtout son *all-american way of life* si apprécié et vénéré, est devenue comme une espèce d'extension de l'espace national. Quand certains de nos hommes politiques ont avancé l'idée, voici quelques années, d'annexer au Canada sous une forme quelconque les îles Turk and Caicos, ce ne fut pas le grand frisson d'enthousiasme chez les Québécois; ils auraient bien mieux aimé qu'on leur proposât une partie de la Floride !

Pour toutes ces belles raisons, ils doivent nous aimer, nous chérir, les Américains de la Floride. Avec tout le bel argent que nous y dépensons sans discontinuer malgré les ravages de la récession, ils doivent nous dérouler le tapis rouge pour s'assurer notre fidélité. Surprise! notre présence ne les excite pas plus qu'il ne le faut. Et dire qu'elle tombe un peu sinon beaucoup sur les nerfs d'un nombre non négligeable de Floridiens ne serait pas exagéré non plus.

Ainsi, à en croire les écrits de quelques journaux là-bas, ils nous trouvent plutôt envahissants, dérangeants et pas aussi charmants qu'on voudrait bien le croire. Évidemment, d'autres personnes, qui ont plus le sens de la mesure soit par tempérament, soit par sens des affaires, ont dit qu'il n'en était rien, que tout cela était grandement exagéré, et cætera. Évidemment. N'empêche que les Québécois sont en train de se bâtir en certains coins de la Floride une solide réputation de touristes du Tiers monde.

Comment! Mais, voyons! vous indignerez-vous, c'est impossible: nous vivons dans l'un des pays les plus riches de la planète. Notre niveau de vie fait l'envie de toutes les sociétés. Comment pourraient-ils nous considérer ainsi? C'est que la richesse est une chose bien relative, et la majorité des Québécois qui vont en Floride, même s'ils ont des économies bien à eux pour le faire, ne sont pas plus riches que la majorité des résidants de l'État. Petite leçon de géographie facile à retenir: la Floride n'est pas une île des Antilles mais un État des États-Unis...

L'une des attitudes les plus répandues chez les touristes, toutes nationalités confondues, est d'assimiler les habitants d'une destination, autrement dit les locaux, les *natives*, à une forme de matière première, à une partie du paysage. Tout à leurs voyages ou à leurs vacances, ils ne saisissent pas très bien à quel point leur présence, leurs faits et gestes, leurs mentalités et comportements entrent en conflit avec ceux et celles qui vivent sur place et qui, en bonne partie, gagnent leur vie à les servir.

C'est hélas! un fait de la nature humaine: la patience et la considération sont plus faciles envers quelqu'un qui a plus d'argent que soi. Qui plus est, de plus en plus de Québécois — dont un nombre tout à fait étonnant baragouinent un anglais moins qu'élémentaire — s'installent là-bas comme chez eux, ajoutent le poids de leur collectivité, de leurs attentes, de leurs exigences. C'est connu dans le métier: un bon touriste, c'est quelqu'un qui paie bien, qui ne fait pas d'histoires... et qui retourne chez lui. Le pendant est tout aussi connu : une bonne destination touristique ne cause pas de problèmes.

S'ils ne veulent pas rester collés avec une étiquette pour le moins déplaisante, les Québécois devront modifier leur façon d'être en Floride. Assisterons-nous bientôt à la fin d'une histoire d'amour ?

❏

Floride : destination danger

La Floride commence à faire peur. Brrr ! La destination soleil chérie des Québécois de tout poil donne des sueurs froides.

Ce n'est pas du bonbon. Le 5 février 1993, deux Québécoises de soixante-dix-huit et cinquante ans ont été assaillies, battues et volées par trois individus dès leur arrivée à Fort Lauderdale. Le 29 décembre précédent, un autre Québécois, de trente-huit ans celui-là, était abattu d'une balle dans la tête alors qu'il sortait d'une épicerie en compagnie de son père et de son fils de cinq ans. Comme dans le Wild West.

Et il n'y a pas que les Québécois. Le 22 janvier, un restaurateur ontarien de Fort Erie a été tué à Miami au volant de sa Cadillac flambant neuve. Le 26 du même mois, un diplomate vénézuélien passa *ad patres*, coincé entre deux feux lors d'un vol perpétré tout près de la luxueuse résidence de la chanteuse rock Madonna. Selon le quotidien *USA Today*, les agressions contre les touristes sont devenues aussi prévisibles et communes dans le sud de la Floride que les coups de soleil en hiver à Miami Beach.

La réalité de *Miami Vice* a rejoint la fiction. Miami est maintenant considérée comme une ville dangereuse. Ce n'est pas moi qui le dis, mais Mayco Villafana, du Bureau du tourisme et des congrès de la ville, en tentant toutefois d'arrondir les angles : « J'espère que les gens au Canada comprendront que, s'il est vrai que nous avons un problème dans les villes américaines, cela ne veut pas dire que tout le monde sera affecté. »

Comprenez qu'il s'agit de gros sous, que le tourisme est un *big bizness*. À Miami, il s'agit de revenus annuels de l'ordre de 7,2 milliards de dollars. Chaque année, deux millions et demi de Canadiens visitent la Floride, dépensant près de deux milliards de billets verts. En 1992, ils furent 375 000 dans la seule région de Fort Lauderdale, 55 % d'entre eux venant du Québec. On estime qu'entre 500 000 et 700 000 Québécois se rendent dans le *Sunshine State* bon an mal an.

Pauvres Québécois ! Non seulement on les agresse physiquement, mais on les insulte. Vous avez suivi le cirque dans les médias : encore une fois en 1993, un journal de Floride, en ce cas-ci l'hebdomadaire *XS*, s'en est pris à eux, les traitant d'individus obèses, pingres et grossiers. Ce n'était pas précisément des lettres d'amour ni de bienvenue.

Ajoutez à cela que le CAA (Association canadienne de l'automobile) a pris au début de l'année la décision « ahurissante, sans précédent » (dixit Canadian Press) de mettre ses trois millions et demi de membres en garde contre les risques qu'ils pourraient courir en se rendant en Floride, et vous pouvez présumer que l'industrie touristique du coin commence à vaciller dans les câbles.

Pis encore, comme pour souligner à gros traits les dangers possibles, la police de Miami multiplie les recommandations à l'intention des touristes qui deviennent des cibles de choix, car ils sont faciles à repérer et « ne prennent pas les précautions qu'il faut, comme le font les habitants de la région ». En voici quelques exemples : « Tenez-vous toujours sur vos gardes. Soupçonnez tout le monde. Ne stoppez pour personne. Faites attention aux accidents simulés et ne descendez jamais de voiture pour discuter avec l'autre conducteur. Si vous crevez un pneu, continuez à rouler jusqu'au prochain garage... Gardez toujours vos portières verrouillées. » Oremus!

Ce n'est pas ce qui s'appelle de la publicité très positive... On comprend alors que le Bureau des congrès et des visiteurs de Fort Lauderdale ait dépêché son directeur à Montréal en catastrophe pour recoller les pots fêlés, que la Floride entière soit tout miel avec les médias et en particulier avec les journalistes spécialisés en tourisme.

Peut-être s'en font-ils pour rien. En date du 9 février de la même année, la Presse canadienne soulignait que le nombre de touristes canadiens en Floride n'avait pas décrû et avait même augmenté, selon certains agents de voyage. Il y aurait eu cependant une baisse du côté de Miami et de Fort Lauderdale. Mais rien pour déclarer banqueroute.

Ce n'est pas demain la veille que sera coupée l'espèce de cordon ombilical entre la Floride et les Canadiens, et les Québécois en particulier. Ils l'aiment de façon viscérale, inconditionnelle, proche de l'illogisme. L'exemple vient de haut : tous leurs politiciens se font un devoir d'y prendre régulièrement des vacances. Et d'y investir de l'argent.

La Floride, c'est leur mer à eux, leur Sud, leur soleil, ce que leur géographie qualifiée de froide et donc d'ingrate leur a depuis toujours refusé. Ils s'en sont appropriés des bouts, au propre et au figuré, et ils y déferlent par vagues constantes, quitte à y indisposer les résidants par leur apparent sans-gêne et leur assiduité. Il leur faudra alors plus que quelques malheureuses agressions et écrits inconsidérés pour les détourner de leur petit paradis à portée d'avion.

Qu'on l'accepte ou non, la Floride, c'est une image chérie, un amour aveugle, un autre versant de nous-mêmes. La réalité aura beau être criante de vérité, nous dire, preuves à l'appui, que c'est une destination violente, dangereuse, très dangereuse même, les Canadiens et Québécois continueront à la préférer aux Antilles et autres lieux de vacances « exotiques » en arguant, contre toute logique et vraisemblance, qu'ils s'y sentent plus en sécurité, plus chez eux.

Peut-être est-ce vrai après tout : le Québec et le Canada ne seraient qu'une partie du grand tout américain...

❏

Tourisme et paix, une autre utopie ?

Le plus souvent, le tourisme est perçu comme une industrie, notamment comme une fabuleuse machine à fabriquer des revenus. Une espèce de pierre philosophale capable de tout changer en or. De rendre riches les régions les plus pauvres. Cette dimension économique est si forte qu'elle en occulte toutes les autres, qu'elles soient géographique, culturelle, sociale ou spirituelle.

Il est pourtant en ce monde des gens qui pensent que le tourisme peut être davantage qu'une source de devises et d'enrichissement matériel : qu'il peut et doit être un facteur de « promotion de la compréhension, de la paix et de la coopération internationales ». Utopie ? Cela est bien possible. Ce qui est toutefois consolant, c'est que ceux qui l'affirment — sans être vraiment écoutés cependant — ne sont pas toujours des deux de pique.

Ce fut, par exemple, le message de Robert Lonati, le 27 septembre 1984, alors secrétaire général de l'Organisation mondiale du tourisme (OMT), à l'occasion de la journée mondiale du tourisme :

> Les différentes valeurs de cet énorme brassage de personnes de toutes nationalités, de toutes origines, de toutes cultures, de toutes croyances religieuses ou options politiques, constituent l'élément dynamique du développement de la communauté humaine et de son intégration dans une conception universelle.

L'OMT, rappelons-le, est un organisme affilié aux Nations unies qui constitue le forum international que la plupart des États du monde se sont donné pour favoriser l'essor du tourisme. Se référant à la déclaration de Manille sur le tourisme qui, peu de temps auparavant, avait été unanimement adoptée par les 106 États membres et 160 membres affiliés que comptait alors l'OMT, il précisait :

Le fait d'aspirer légitimement à accroître les mouvements de personnes et de s'équiper pour accueillir des visiteurs relève non seulement d'une préoccupation économique mais surtout et avant tout d'une nécessité de communication dans le domaine culturel, artistique, commercial, financier et d'autres pour laquelle les États doivent être préparés.

[...]

C'est par les voyages, par les déplacements, par le contact direct, par l'effort permanent et constant d'accepter des modes de vie différents et non pas de sous-estimer les attitudes mentales, les croyances, les modes de vie d'autres groupes ethniques, que l'on peut prétendre améliorer les relations entre les hommes. Par ses multiples contacts, un tissu, sans doute fragile pour l'instant, est en train de se tisser progressivement, constituant un réseau de communications interdépendantes, multiples, qui devra se renforcer au fur et à mesure que, de plus en plus, les hommes seront amenés à se déplacer de leur lieu de résidence habituel.

Robert Lonati parlait ainsi, s'adressant aux hommes et aux États en 1984. Voici déjà huit ans. Il parlait de sa tribune de dirigeant d'un organisme dûment financé par des pays qui, par ailleurs, ne se gênent pas pour s'entre-tuer directement ou par peuples et champs de bataille interposés — la main droite, c'est connu, ignore ce que fait la main gauche... Ce qui ne l'empêcha pas de conclure, indomptable optimiste — ou irréductible utopiste:

C'est à partir de cette compréhension qu'il sera possible de dissiper la monstrueuse mentalité qui pousse à la préparation de la guerre et qui justifie le gaspillage de milliards de dollars de par le monde pour, assure-t-on, garantir la sécurité et la coexistence pacifique entre les nations. Par la vie des voyages et d'une meilleure compréhension, il doit être possible, avec la bonne volonté de tous, de parvenir à créer des conditions de paix, de relations pacifiques plus solides que celles que l'on essaie de construire par la force, par la violence, par la menace permanente.

Ces propos sont à rapprocher des réflexions que tenait, en 1988, le journaliste Dany Mariqque dans le *Bulletin* du Centre international de documentation touristique Georges-Dopagne publié sous le patronage de la Fédération internationale des journalistes et écrivains de tourisme (FIJET):

> L'état d'esprit dans lequel on part a son importance. Sans être un attardé de la coopération ou avoir la mauvaise conscience du nanti mais avec l'idée d'apprendre autre chose, d'ouvrir son cœur et son cerveau aux problèmes ressentis chez les autres, c'est un apprentissage de la tolérance drapée d'écologie humaine. Découvrir les coutumes sans les écorcher, admettre les religions sans préjugés ou parler l'autre langue sans l'estrade du maître, comprendre les modes de raisonnement qui façonnent les rapports de la vie autochtone, apprécier l'environnement qui modèle ces autres existences, savoir vivre et survivre sans être imbu de sa propre culture...

Prenant l'exemple des voyages internationaux qui nous mènent vers des destinations « exotiques », il écrivait aussi:

> En allant à l'étranger, nous devenons étrangers. Conformons-nous alors aux traditions et coutumes locales qui souvent ne nous sont même pas imposées, par crainte de notre pouvoir économique. Ne vaut-il pas mieux composer nos gestes en fonction de leur signification locale qu'en fonction de nos désirs? Vivre l'instant, le présent, sans se préoccuper des souvenirs pelliculaires qu'on va ramener. Le voyage vécu ainsi comme une recherche de soi et des autres, non pas comme une performance, pas comme un plaisir de privilégié. Et peut-être rendre compte alors que la peur de l'autre que l'on

ressent parfois, c'est au fond la peur de soi qu'il faut
vaincre.

La peur et la paix. Entre les deux, la compréhension des
autres et le tourisme. Tout cela relève-t-il absolument de l'utopie? Ou d'une objective connaissance de l'humaine nature? Je
ne voudrais pas paraître cynique en ce moment de l'année où
l'on pense aux cadeaux et à la consommation conséquente, en
cette époque où, à la télé, nos écrans quotidiens sont devenus
des *nintendos* de vrais affrontements humains, mais j'aimerais
rappeler que nos bienheureuses, bien-pensantes et privilégiées
sociétés occidentales ont pris vraiment conscience qu'il pouvait
y avoir des conflits meurtriers dans le monde le jour où des terroristes ont décidé de détourner des avions, d'attaquer des
paquebots remplis de touristes «innocents»: le drame venait
d'arriver dans notre cour...

La crainte est le commencement de la sagesse. Se pourrait-il
que le tourisme fournisse suffisamment de crainte à ses adeptes
que les hommes, dans leur foulée, en viennent à trouver le
chemin de la paix?

❏

Tourisme... pour la paix

L'enfer, c'est les autres. Tous les jours, les guerres, les injus-
tices et les atrocités donnent raison à Sartre. L'autre, c'est
l'étranger, l'ennemi. Différent, il fait peur. L'histoire de l'humanité s'est construite sur des frontières, des murs, des remparts et
des douves, sur des idéologies, des refus sociaux et des conflits.

Un spécialiste, Louis D'Amore, parle à ce propos d'une
«carte mentale» que chacun nourrit quotidiennement et qui
départage le monde entre bons et méchants, entre ceux qui
pensent et agissent comme nous et les «autres»:

L'image de l'ennemi s'appuie sur notre tendance à ne prendre pour vrais que les faits et opinions qui rejoignent nos idées préconçues. En conséquence, l'ennemi ne peut être que source du pire.

Américain d'origine et maintenant établi à Montréal, Louis D'Amore s'est depuis longtemps intéressé aux aspects prospectifs du tourisme et au développement de stratégies à mettre en œuvre pour favoriser son épanouissement. Il a vu, entre autres, dans le tourisme un levier privilégié pour établir des relations plus harmonieuses entre les diverses communautés humaines. En un mot, pour favoriser la paix.

En interview, il a déclaré :

> Par le voyage les gens en viennent à connaître d'autres peuples, de façon personnelle, individuelle. Ils se rencontrent face à face et constatent que, s'il y a des différences, existent aussi des similitudes, des ressemblances : nous avons tous et toutes des intérêts communs, des aspirations communes et, plus encore, nous voulons, tous et toutes, que nos enfants puissent grandir dans un monde de paix. Nous vivons — faut-il le répéter ? — dans un village global et le voyage est une forme d'éducation qui plonge plus profondément en nous-mêmes que tous les cours scientifiques ou techniques.

La paix, à son avis, peut être bien davantage qu'une vision de l'esprit logée quelque part au rayon des vœux pieux. Citant tout à la fois le philosophe Spinoza et la définition qu'en donne la langue russe, il a soutenu à de nombreuses tribunes que la paix est une force dynamique qui rejoint tout autant l'équilibre au sein du cosmos qu'une ouverture à l'autre et la recherche de soi.

Un autre utopiste ? C'est possible. Un utopiste en tout cas qui a essayé de donner corps à ses rêves. En octobre 1988, il organisa à Vancouver une conférence mondiale, la première du genre, sur le thème « Tourisme, une force vitale pour la paix » (*Tourism — A Vital Force for Peace*). Huit cents personnes venues de soixante-sept pays y participèrent, sous la présidence d'honneur de Vigdis Finnabogadottir, présidente d'Islande, et eurent même droit, sur écran géant, à des allocutions du pape Jean-Paul II et du président américain Ronald Reagan.

Cette conférence de Vancouver produisit plusieurs fruits. Elle adopta tout d'abord une charte, dite de Columbia, dont je n'ai pu obtenir une copie française — mais existe-t-elle? — qui a transcrit de façon formelle les préoccupations fondamentales des délégués. Dans ses grandes lignes, cette charte affirme que le tourisme est un phénomène qui implique tous les peuples et toutes les nations à la fois comme hôtes et visiteurs et qu'il peut grandement les aider à coexister dans l'amitié et la paix grâce au partage et au respect des croyances, cultures et dignités d'autrui.

La charte enjoint les nations, les États, les organismes publics et privés, les entreprises et tous les individus à éliminer les guerres, le terrorisme et l'injustice, à cesser la course aux armements, à libérer les otages partout dans le monde. Elle leur demande de mettre au point des politiques et initiatives propres à construire un monde où le tourisme permettra de promouvoir confiance et compréhension réciproques, de réduire les inégalités économiques, d'améliorer la qualité de la vie, de protéger et de mettre en valeur l'environnement et de contribuer au développement durable.

De la conférence sur le « Tourisme, une force vitale pour la paix » est aussi né au Canada l'Institut international pour la paix (International Institute for Peace), un organisme sans but lucratif basé à Montréal (au 3680, rue de la Montagne, 514-281-1822) et dont Louis D'Amore est le président. Ses objectifs sont

> de faciliter et de stimuler les initiatives touristiques qui contribuent à la bonne entente et à la collaboration internationales, qui peuvent améliorer la qualité de l'environnement (soit naturel, soit aménagé) et qui sont liées à la conservation du patrimoine et à la Stratégie mondiale de conservation pour un *développement durable*.

Depuis sa création, l'Institut a établi des liens avec de nombreux partenaires à l'étranger. Au Canada, il s'est activement intéressé aux travaux de la Table fédérale de concertation entre l'économie et l'environnement. L'an dernier, il s'est également associé, dans une perspective plus politique, aux travaux de la Société Canada 125 pour implanter, dans quelque 250 municipalités *a mari usque ad mare*, un réseau de «parcs canadiens pour la paix» et pour rappeler au Canada ses engagements d'assurer la protection de l'environnement et la paix dans le monde.

L'utopie fait son chemin.

❑

Doit-on boycotter certaines destinations?

Les touristes doivent-ils ou non boycotter certaines destinations?

Régulièrement, devant les atrocités ou les excès d'un régime politique en particulier, la question refait surface et suscite des débats passionnés.

Un jour, j'ai lu avec grand intérêt, dans les pages du *Devoir*, les propos indignés d'Alier Marrero, réfugié cubain domicilié au Québec, envers la fréquentation touristique du «paradis socialiste» de la grande île des Antilles et envers ceux et celles qui pourraient l'encourager d'une façon ou d'une autre. «Castro est discrédité, écrivait-il; il a besoin de dollars pour survivre: le tourisme semble être sa dernière ressource.»

Évoquant le sort fait aux prisonniers politiques dans les prisons et les hôpitaux psychiatriques, la torture physique et morale, la propagande et la violence auxquelles a systématiquement recours le parti au pouvoir, Alier Marrero demandait: «Comment peut-on recommander aux touristes d'aller dans un pays où il y a des mouvements aussi dangereux?» Invoquant la solidarité et la dignité humaine des Québécois, il lançait ce cri du cœur: «En allant à Cuba comme touristes, vous aurez des privilèges qui nous sont interdits; votre argent servira à prolonger une tyrannie. »

Mais faut-il vraiment boycotter Cuba ?

Les dictatures et les régimes pourris trouvent une grande partie de leur force dans le silence imposé à leurs citoyens et dans l'absence d'informations sur leurs situations intérieures qu'en obtient le reste du monde. Ils s'appuient sur des sociétés cadenassées pour assurer leur pérennité et, en ce sens, le mur de Berlin fut l'expression la plus tangible de ce qu'on appelait, voici peu de temps encore, le Rideau de fer. En ouvrant leurs frontières à des voyageurs étrangers et surtout à des touristes originaires de contrées jouissant de régimes plus libéraux, ils prennent pourtant un risque — dont ils essaient de minimiser les effets: celui de multiplier les témoins de leurs iniquités.

L'argent des touristes, c'est vrai, profite souvent aux systèmes totalitaires ou vénaux qui s'en servent pour fournir des béquilles à des économies vacillantes et prolonger de la sorte leur emprise sur les populations qui doivent les subir. Mais demander aux touristes de ne pas visiter un pays ou une partie du monde au nom d'un tel constat sert plutôt les intérêts des oppresseurs que des opprimés, tout en accordant peu de considération aux forces de changement que peut mettre en œuvre le tourisme.

C'est refuser en quelque sorte la conscience aux touristes. Ceux-ci, je sais, ont mauvaise réputation. Avec raison. La plupart d'entre eux ne demandent que d'aller ailleurs — sans se poser de questions, sans s'intéresser à ce qui se passe autour d'eux — pour oublier les contraintes du quotidien. Ce qui ne veut cependant pas dire qu'ils ne voient, n'entendent ni n'enregistrent rien.

Tout touriste, quels que soient ses motifs et son comportement, possède la capacité de constater *sur place*, de juger par lui-même (et non par médias ou marketing interposés). La capacité de se rappeler, de témoigner, de dire ce qu'il a pu expérimenter, ressentir. Et peut-être même de s'indigner. À la longue, cela peut s'avérer beaucoup plus efficace que tous les boycottages touristiques parce qu'il en résulte, par le bouche à oreille, par la propagation des idées et des opinions, une conscience collective élargie. Et une force de pression et de transformation beaucoup plus grande.

Les régimes d'Haïti, d'Afrique du Sud et des pays de l'Est, pour ne prendre que ces exemples, ont été ébranlés parce que leurs habitants ont pu, malgré les restrictions et contraintes imposées par les autorités, entrer régulièrement en contact avec des personnes venues d'ailleurs, personnes qui trimbalaient certes leurs monnaies fortes mais aussi leurs traits culturels, leurs attentes, leur curiosité, leur perméabilité à des situations différentes. De ces contacts et influences réciproques ont émergé, d'une part, une plus grande volonté de changer l'ordre des choses chez les visités et, d'autre part, une faculté de rendre compte, de témoigner, chez les visiteurs.

Les sociétés les plus fermées — et possiblement les plus désespérées — sont celles dont les dirigeants limitent les déplacements des personnes, tant des nationaux que des étrangers: pensez à l'Albanie sous l'ancien régime, à la Lybie de Kadhafi, à la Birmanie des généraux. Mais l'histoire des Cités interdites et des mondes supposément inaccessibles nous apprend qu'il n'y a pas de meilleur aiguillon à la curiosité humaine pour transgresser ces tabous et aller au-delà de telles limites. Au nom justement de la solidarité humaine.

S'il fallait appliquer le principe du boycottage à toutes les destinations dont les gouvernements se rendent suspects d'injustice et d'abus (pensons aux dossiers que publie sans cesse Amnesty International), il y aurait vraiment peu d'endroits où voyager sur cette planète. Il faudrait ainsi rayer de la liste la Floride et aussi la très respectée Suisse qui sont des hauts lieux de blanchiment des narcodollars. À ce compte-là, avec la renommée pour le moins douteuse que lui ont fait sur la scène internationale les divers conflits — dont certains armés — avec les Amérindiens, il ne devrait plus y avoir grand monde pour venir visiter le Québec...

Le touriste, en dépit de tous ses défauts, reste un être humain. C'est-à-dire un être doué de libre arbitre. L'une de ses premières expressions est la liberté de pensée et de parole; une autre est la liberté de se déplacer. Restreindre la seconde dans l'espoir de favoriser la première risque de donner des résultats fort décevants.

C'est pourquoi l'information existe; c'est pourquoi il y a des gens qui font le métier d'informer les autres, même si c'est pour les inciter ultimement à voyager en des lieux dont les régimes sont honnis. Le rôle de l'informateur est de donner la meilleure information possible. Le rôle du voyage est de permettre à chacun de se faire, *sur place* je le répète, une opinion par lui-même et par la suite de l'exprimer. Cela demeure encore l'une des meilleures raisons de continuer de croire en l'humanité.

Chapitre 5

Tourisme et environnement

Un beau navire à la riche carène
Allait quitter la plage de Madras
Et sur la rive une jeune Indienne
À sa compagne murmurait tout bas…
Si tu le vois, dis-lui que je l'adore,
Rappelle-lui qu'il m'a donné sa foi,
Demande-lui s'il me regrette encore,
S'il se souvient d'avoir vécu pour moi…
S'il se souvient d'avoir vécu pour moi.

Vieille chanson française

Le Québec de l'horreur ordinaire

Parfois, je me demande pourquoi je voyage au Québec. Et pourquoi j'incite les autres à le faire.

Parfois, je le trouve tellement laid. Pire, *laite*.

Une amie, récemment revenue d'Allemagne où elle a séjourné plus de six mois, me confiait le désarroi qui l'a assaillie à son retour : « Là-bas, tout est beau, les villages, les villes, les paysages. Les maisons sont coquettes ; les terrains, les parcs, tout est bien entretenu. Il y a des fleurs partout. Le plus difficile, c'est de se réhabituer à faire son marché sur la rue d'à côté ou au centre commercial, parmi tant de laideur et de laisser-aller. »

Un autre ami me parlait, voici quelques jours, du Vermont, beaucoup plus près que l'européenne Allemagne. « As-tu remarqué, me demanda-t-il, à quel point tout semble plus joli au Vermont ? Ils ont des arbres, des haies et des pelouses absolument magnifiques ; les chemins, même les plus secondaires, ne sont pas défoncés. Ces gens-là ont gardé, bien plus que nous, le sens de l'architecture et du patrimoine bâti. Quand on passe la frontière en retournant chez nous, on a l'impression de tomber dans un autre monde. »

Jugements abusifs, intempestifs, injustes ?

On dirait, en fait, qu'il y a deux Québec, l'un qu'on voit de près et l'autre qu'on voit de loin. Du hublot d'un avion, du haut d'observatoires (comme ceux du mont Royal ou de la terrasse Dufferin, par exemple) qui permettent de longs regards panoramiques, le Québec ravit les yeux : en toutes saisons, l'espace et ses formes, couleurs, contrastes et nuances dégagent plénitude et harmonie, deux termes qui servent à définir la beauté.

Mais, de près, c'est une autre affaire, surtout au printemps quand la neige n'est plus là pour masquer le plus gros. À vue de nez, lorsque les paysages sont en gros plan, à portée de main, c'est souvent une espèce d'horreur ordinaire et quotidienne où le regard, pour survivre, doit rechercher, comme une exception déguisée en une espèce de bouée de sauvetage, les bâtiments ou les lieux d'une qualité pouvant être associée à la beauté.

Quand je voyage au Québec, quand je me promène par ses campagnes, villes, banlieues et villages, je suis toujours surpris sinon affligé par la prolifération des enseignes format géant, des poteaux et des fils, des stationnements aménagés à-la-va-comme-je-te-pousse, des terrains vagues et sales, des revêtements en aluminium douteux, des clôtures, patios, portes et fenêtres en « pvc » et autres plastiques réputés imputrescibles (et non recyclables).

Est-ce un legs de générations de défricheurs qui ont « fait » de la terre? Au Québec, dirait-on, un bel arbre est un arbre coupé. Peut-être est-ce pour permettre de mieux apprécier les devantures en *claboard* inaltérable...

Une anecdote: c'était en avril, je faisais le plein — réservoir vide oblige! — dans une station-service flambant neuve des Laurentides, à une sortie de l'autoroute. Les couleurs vives de ses plastiques et de ses tôles rutilaient au soleil. L'emplacement avait été littéralement haché, dynamité dans le roc; tout autour, c'était le carnage: troncs éventrés, racines déchiquetées, rainures d'érosion, éboulis. J'ai demandé au concessionnaire quand se ferait l'aménagement paysager du site. Au regard qu'il m'a lancé, j'ai compris...

Sûrement, l'aurez-vous deviné: au printemps, j'ai les bleus. Les bleus d'un Québec qui pourrait être plus fier de lui-même, lui qui tente de vendre sa soi-disant belle image à l'étranger pour inciter les touristes à garnir les coffres d'un État essoufflé, appauvri.

Quand je me balade dans les villes, banlieues, villages et campagnes du Québec, j'en viens presque à en vouloir à tous ces architectes et entrepreneurs qui ont accepté de concevoir et de construire une pléthore de boîtes à beurre innommables, à tous ces urbanistes et élus municipaux qui ont accepté qu'elles se construisent, qui ont laissé des propriétaires défigurer un patrimoine architectural au nom du progrès, des nouveaux matériaux et d'un entretien plus facile. J'en viens à nous en vouloir collectivement d'accepter un tel nivellement de culture. Car, bien sûr, il s'agit de culture. Faire beau et de qualité coûte toujours un peu plus cher, mais c'est un choix de culture avant même d'être un choix d'économie.

Mais soyons positifs. Rêvons, s'il le faut. J'aimerais qu'un jour architectes, urbanistes, paysagistes et élus municipaux lancent des concours ou des programmes d'éducation populaire pour inciter propriétaires et constructeurs à embellir — et non seulement «améliorer» — immeubles et propriétés. J'aimerais que des agences offrent des «voyages organisés» ayant pour thème l'analyse et l'appréciation des paysages, naturels et bâtis, privilégiant des rencontres sur les lieux avec des propriétaires, des architectes, des urbanistes, des élus municipaux qui discuteraient de leurs choix culturels pour la beauté et la qualité — avec le prix et les exigences que cela implique.

J'aimerais dire un jour, sans honte ni fausse modestie, à tous ses visiteurs que le Québec est beau. De près et de loin.

Au printemps, on peut bien rêver...

❏

La laideur érigée en système

L'état de nos routes, on ne le sait que trop, laisse à désirer. Il n'est pas une semaine qu'on entende autour de soi, qu'on ne lise quelque part à peu près ceci: «Lorsque je passe des routes des États-Unis ou de l'Ontario à celles du Québec, j'ai l'impression de tomber sur une autre planète.» Heureusement qu'on ne lit plus sur les panonceaux «Bienvenue dans la *Belle* Province», ce serait gênant...

Difficile de vendre l'idée d'une destination de qualité avec un tel handicap. Mais si ce n'était que cela...

Nombre de nos paysages font dans le très horrible, merci! Je ne parle pas de ceux qui apparaissent sur les affiches publicitaires, les documents promotionnels ou les guides touristiques; je parle de ceux qui sévissent aux abords des grandes routes et à l'entrée de presque toutes les agglomérations de quelque importance.

Je ne souhaite à aucun Québécois sain d'esprit, qui a gardé en sa mémoire l'ombre d'un souvenir de ce qu'est la beauté, ni à aucun touriste qui arrive à l'aéroport de Mirabel, d'entrer à

Montréal par la route 117, dénommée boulevard Labelle — pauvre homme, il n'a pas mérité ça ! — sur la majeure partie de son parcours : plus laid que ça, tu meurs !

C'est faux ! Plus laid que ça, ça s'appelle le boulevard Taschereau, la route 132 à Châteauguay, le boulevard des Laurentides à Laval, le boulevard Sainte-Anne sur la côte de Beaupré. Je vous laisse continuer l'énumération. Et *ça* s'appelle des boulevards... Probablement pour laisser plus de place à la bêtise, à la laideur érigée en système : du clinquant, de la surenchère, des enseignes lumineuses tout aussi grandes qu'inutiles et criardes, des terrains de stationnement à la queue leu leu, et mettez-en ! Une laideur d'autant plus présente qu'on ne la voit plus ou qu'on ne veut plus la voir. Pire : à laquelle on s'est individuellement et collectivement habitué.

Essayez, juste un instant, d'imaginer les transes que doivent traverser les pauvres visiteurs qui arrivent au Québec — destination qu'on leur a vantée belle — en voyant de tels boulevards, des horreurs leur souhaiter la bienvenue. Frissons.

Les paysages — et pas seulement ceux de Saint-Glinglin-du-Reculé, tous les paysages — sont les vitrines d'une société qui vit au sein d'un espace. Ils sont l'expression on ne peut plus tangible de ses valeurs. Une sorte de miroir de son âme, comme disent les grands auteurs.

Eh bien ! à considérer l'état de beaucoup de nos paysages, nous devons avoir mal, très mal, à l'âme.

Car il n'y a pas que les boulevards des horreurs. Prenez la vallée de la rivière du Nord. Jolie vallée glaciaire, peu large, surcreusée dans la roche immémoriale par le ruissellement. Mais qui le sait et qui s'en soucie ? C'est le couloir de pénétration privilégié des Laurentides, là où passe l'autoroute. L'un des axes de circulation domestique et touristique les plus fréquentés du Québec.

Pour la mettre en valeur, certains n'ont rien trouvé de mieux que d'édifier (et d'autoriser), à la hauteur de Piedmont, un énorme robinet pour annoncer l'une de ces modernes merveilles que sont des glissades d'eau. Ce n'est pourtant pas l'eau qui manque, tout autour dans les Laurentides...

Un peu plus en aval, ce n'est guère mieux. Voici quelques années, le ministère des Transports du Québec a accordé à la chaîne McDonald's l'exploitation du restaurant de la *Porte du Nord*, seule aire de service aménagée aux abords de l'autoroute des Laurentides. Et qu'a fait cette somptueuse entreprise? Elle a implanté non pas une ni deux épouvantables enseignes publicitaires mais trois gigantesques M jaune et rouge, sans compter une bonne dizaine d'autres, de plus petit format, dans les aires de stationnement et sur le toit de l'immeuble principal.

Tout cela a fait un beau tollé. Des citoyens ainsi que l'association touristique régionale se sont plaints. McDonald's, le ministère des Transports, la municipalité se sont renvoyé la balle, se sont réfugiés derrière les règlements d'affichage, la légalité. Sans invoquer, évidemment, le bon goût, ni le sens de la beauté. Sans relever non plus l'incongruité de permettre à des fabricants de hamburgers américains le soin d'être l'image du Québec le long d'une autoroute dite panoramique.

Il n'y a pas si longtemps, je roulais dans les Cantons de l'Est, par un circuit qui m'a mené à Knowlton et Sutton. En des localités où l'affichage commercial a laissé les horreurs au vestiaire. Qui font partie du Québec, de la même société. Et, à ce que je sache, leurs commerces ne s'en portent pas plus mal, ni leur économie en général. Mais leurs paysages et leur beauté — à défaut de leurs routes — s'en portent mieux. Et sûrement leur tourisme.

❏

Tourisme et environnement : l'écotourisme sera-t-il le nouveau tourisme ?

L'environnement !

Ce mot, l'idée et les valeurs qu'il sous-tend prennent de plus en plus d'importance dans notre vie individuelle et collective. Les sondages d'opinion l'attestent régulièrement. Au printemps 1992, Maurice Strong, ex-homme d'affaires et premier directeur de Petro-Canada, diplomate et alors secrétaire général de la Conférence des Nations unies sur l'environnement et le développement, mieux connue comme le Sommet de la Terre (Rio, juin 1992), avant de devenir grand patron d'Ontario Hydro, affirmait que le souci de l'environnement deviendra une seconde nature chez l'homme : à son avis, l'environnement perdra son statut de question controversée, non pas parce qu'elle deviendra moins importante, mais parce que cette importance s'accroîtra.

On ne peut par ailleurs taxer Pierre Jeanniot, ancien grand patron d'Air Canada, consultant et plus tard directeur général de l'IATA, d'avoir mené une carrière d'apôtre impénitent de la protection de l'environnement. Voici cependant ce qu'il déclarait en janvier 1991 à Montréal dans une allocution prononcée devant le *Board of Trade* :

> Une des tendances majeures de la dernière décennie et qui ne peut que s'accentuer, c'est la reconnaissance de l'importance capitale de l'environnement écologique [*sic*]. Ce respect renouvelé pour la nature, allié à la congestion extrême des centres urbains, ne peut que favoriser le Canada et le Québec. Nos immenses espaces pourraient devenir une réponse extrêmement attrayante pour ce besoin croissant de retrouver la vraie nature. C'est bien là notre ressource naturelle sous-exploitée.

Il précisait plus loin sa pensée :

> Je parle ici, en plus des expéditions traditionnelles de chasse et pêche, d'excursions de toutes sortes, de safaris photographiques pour observer les oiseaux et les animaux, de randonnées en pleine nature, à pied, en raquettes, en ski de fond, en véhicule tout terrain, traîneau, canot, motoneige, etc. Je parle aussi de cure de grand air et d'isolement, d'étude de cultures autochtones, le tout avec un grand choix d'activités et de sources d'intérêt pour chaque saison.

Sans le nommer, Pierre Jeanniot parlait d'un tourisme qui gagne une popularité sans cesse croissante, l'écotourisme. Dans son édition du 29 avril de la même année, le *Financial Times of Canada* soulignait que cette forme de tourisme, qui englobe aussi l'engouement pour les stations thermales et autres centres dits de santé, a connu ces dernières années une croissance annuelle de 15 à 20 %, la qualifiant même de « bonanza » pour l'industrie touristique canadienne.

Le phénomène est d'ailleurs universel. Le tourisme *vert*, celui qui s'adresse aux voyageurs intéressés aux dimensions écologiques, fait de plus en plus d'adeptes partout. Même si ces voyageurs sont pour la plupart fort autonomes et se tiennent hors des sentiers battus jusqu'à ce jour, les professionnels du tourisme leur portent une attention grandissante et déjà de nombreux voyagistes offrent des forfaits qui leur sont spécifiquement destinés, les affichent dans les journaux et magazines. Ainsi, en décembre 1990, certains grossistes ont profité du *World Tourism Market* de Londres, l'une des principales expositions commerciales sur le tourisme à se tenir chaque année dans le monde, pour en vanter les attraits.

Les États, eux-mêmes, ont emboîté le pas. Au Canada, la récente politique fédérale en matière de tourisme, publiée par Industrie, Science et Technologie Canada, a mis l'accent sur la nécessité de rechercher ce que la commission Bruntland a appelé le développement durable et a proposé, en s'appuyant justement sur les recommandations de cette dernière, une extension du réseau des parcs nationaux fédéraux.

D'autres n'ont pas attendu la commission Bruntland. Déjà, depuis plusieurs années, l'Irlande proclame sa verdeur — dans tous les sens du terme — et son environnement « virtuellement intact » pour attirer des touristes. Si vous êtes déjà allé au Costa Rica ou en Malaisie, vous savez quelle importance ces deux pays, qui ne comptent pourtant pas parmi les plus riches du monde, accordent aux espaces naturels, à la protection de l'environnement et à la promotion d'un tourisme axé sur la découverte — et le respect — de la nature et de ses ressources.

Je suis allé à plusieurs reprises en Autriche, plus précisément dans les collines de la Styrie près de la frontière yougoslave. Ce pays, fort bien doté par sa géographie au centre de l'Europe, est depuis longtemps une destination touristique populaire et appréciée. Ce qui pourrait l'inciter à se reposer sur ses lauriers. Ce qui n'est pas le cas: forte en cela d'une longue tradition, l'Autriche a décidé d'exploiter, à bon escient, son capital nature en favorisant l'émergence, en chacune de ses régions, d'un tourisme préoccupé d'environnement, englobant à la fois les activités sportives dites légères (vélo, escalade, randonnée pédestre, etc.), le tourisme de santé (stations thermales, etc.) et les préoccupations alimentaires (cuisine allégée, produits locaux issus des pratiques de l'agriculture biologique, etc.).

En conséquence, il ne me semble pas loin le temps où l'Autriche affirmera, comme la Nouvelle-Zélande, petit pays aux franges de l'Australie et aux antipodes de la Terre, qu'elle limitera, elle aussi, le nombre de ses visiteurs si celui-ci en vient un jour à poser un danger pour l'environnement.

Plus surprenants — et révélateurs — encore sont des écrits parus au printemps dernier sous la responsabilité du département du Tourisme du ministère du Commerce de la Floride. Je vous fais une libre traduction de quelques extraits:

Un important facteur de la puissance d'attraction de la Floride est son milieu naturel — plages, lacs, rivières, forêts — et c'est pourquoi la protection de cet environnement fait partie des grandes priorités de l'État. [...] En raison d'une croissance rapide et continue du nombre de touristes, l'industrie touristique de la Floride doit maintenant faire preuve de créativité dans la promotion des attraits naturels de l'État tout en développant, tant chez ses citoyens que chez ses visiteurs, le besoin de protéger et de mettre en valeur l'environnement.

Le document continue dans la même veine:

Nombre de nos visiteurs étrangers manifestent un intérêt grandissant envers les destinations axées sur la nature, envers ce qu'on appelle maintenant l'écotourisme. [...] L'industrie touristique de la Floride cherche à prévenir

les dommages du milieu naturel de la Floride en partici-
pant activement, avec le ministère de l'Environnement
de l'État, à des programmes d'information, d'éducation
et d'assistance technique. [...] Cette collaboration de
l'industrie touristique de la Floride à l'effort environ-
nemental permet, croyons-nous, de préserver tout à la
fois la vitalité économique de la Floride et sa réputation
de destination privilégiée auprès du milieu des affaires
et des médias à travers le monde entier.

Nos voisins d'outre-frontière, même les plus favorisés par la
nature, constatent, pragmatiques, que le tourisme peut aisément
tuer la poule aux œufs d'or s'il ne prend pas garde à l'environnement.

Il n'y a rien de tel qu'un bon dictionnaire. Voyons, par
exemple, ce que *Le Robert* dit au préfixe éco : « du grec *oikos*,
maison, habitat ». Ainsi, une première définition du terme écotourisme pourrait être voyager au sein de la maison, de l'habitat.
Une autre, plus recherchée peut-être mais tout aussi valable,
serait de dire que l'écotourisme cherche à réinsérer le voyageur
au sein de la nature et des écosystèmes.

Dans un texte paru dans *Téoros* (mars 1991), je relevais les
difficiles relations entre le tourisme et l'environnement qui vont
souvent dans le sens du pire : pollution de lacs et de plages,
ensembles immobiliers ou hôteliers défigurant des fronts de mer
ou des versants de montagnes, spéculation, augmentations de
taxes, dépérissement des valeurs des résidants, conflits sociaux,
etc. Je notais également qu'à moins d'être absolument maso-
chistes, les sociétés se doivent de concevoir et de promouvoir un
tourisme qui sera au contraire un facteur important d'amélioration de l'environnement.

D'année en année s'affirme la popularité croissante de
l'écotourisme. Pour ses adeptes et pour un certain nombre
d'observateurs, il s'avère un élément de réponse à ce tourisme
moderne qui bouleverse l'environnement naturel et humain.

Allez dans les îles de la Méditerranée pour constater de quelle manière des espaces, des terroirs agricoles et des traditions sont radicalement transformés au contact soutenu du tourisme: il est beaucoup plus facile, on le sait, de gagner sa vie en servant les touristes qu'en peinant dans des champs au relief et aux sols difficiles. Même sous le soleil.

Mais l'écotourisme, tout méritoire soit-il, n'est et ne sera qu'une des multiples manifestations du tourisme, car ce phénomène trouvera toujours plusieurs modes d'expression. Et il ne faut pas réserver à l'écotourisme à lui seul la responsabilité de rendre possible une meilleure intégration à l'environnement; c'est au tourisme tout entier, dans l'ensemble de ses facettes, qu'il appartient de se définir de nouvelles règles, de nouvelles valeurs, de nouveaux impératifs pour satisfaire cet objectif.

Harmoniser le tourisme et le développement va exiger, tant dans l'industrie touristique que chez les touristes eux-mêmes, de profonds changements dans les approches, les mentalités, les valeurs. Lier les destins du tourisme et de l'environnement demandera, par exemple, de ne plus considérer l'espace, les ressources qu'il recèle et les gens qui y vivent comme des ressources à consommer — à monnayer et à jeter au rebut après usage — mais comme des partenaires fragiles et autonomes qui doivent être respectés.

Il faudra, entre autres, aller au-delà des modes, des goûts changeants de l'actualité. Il faut voir combien de gens bien intentionnés, soucieux de pratiquer un tourisme plus respectueux de l'environnement, se laissent grignoter tout crus — pour faire du vélotourisme, de la marche en montagne, du camping, de la voile et j'en passe — par un commerce récupérateur qui a appris très vite qu'il peut être fort lucratif de leur vendre un tas de gadgets en attendant la prochaine mode au goût du jour. Les transformations devront être plus substantielles.

Ce sera largement une question d'éducation, c'est-à-dire d'apprentissage et d'assimilation de nouvelles façons de faire et de penser. Cela impliquera également un large débat sur la notion même de partage. Jusqu'ici, le débat, au cours des cinquante dernières années, a surtout porté sur l'accessibilité universelle au tourisme, sur le droit de tout le monde d'aspirer au voyage. Il a aussi grandement porté sur ces deux pôles que sont l'espace et les équipements publics et l'espace et les équipements privés; sur ce dernier point, il devra aller plus loin et poser les enjeux en termes d'espaces et d'équipements communautaires — à partager donc —, au-delà des distinctions entre le privé et le public.

Déjà, toutes les mesures prises pour dépolluer les lacs, donner des dents à des règlements de zonage et de construction, limiter le déboisement des rives et l'utilisation d'embarcations à moteur, réglementer l'aménagement des fosses septiques vont en ce sens, du moins dans le domaine de la villégiature. À cet effet, il sera intéressant de suivre attentivement le cours du pari de Charlevoix pour qui, selon les termes, dans ce numéro de *Téoros*, de Pierre Tremblay, directeur de l'association touristique régionale, «l'environnement est synonyme de tourisme dans Charlevoix».

Il est tout aussi intéressant de voir évoluer le dossier opposant, dans les Laurentides le long de l'emprise de ce qui fut le P'tit Train du Nord et, dans les Cantons de l'Est, entre Lennoxville et Beebe, le long d'une ancienne emprise ferroviaire abandonnée, les promoteurs de l'aménagement de pistes cyclables régionales à la compagnie Canadien Pacifique qui veut vendre ces propriétés avec de solides profits et à bon nombre de riverains qui s'y opposent avec énergie, en soutenant notamment, selon les propos du maire de North Hatley, qu'une telle piste cyclable «coûtera trop cher».

Ce dossier, je vous le dis, est révélateur. À preuve, Alain Larouche, directeur général de l'Association touristique de l'Estrie et ardent défenseur du projet, soutient de son côté que celui-ci devrait rapporter quinze millions de dollars par année en recettes touristiques, que «les projets de pistes cyclables fonctionnent partout» et qu'en la matière «le gouvernement a la chance de montrer ses couleurs en environnement, et une certaine vision du Québec».

Rien de moins...

❏

Tourisme et environnement, version anglaise

Les destinées du tourisme et de l'environnement sont étroitement liées. Sans un environnement attrayant, le tourisme ne peut se développer ni durer. De même, sans le tourisme, la capacité de nos sociétés à préserver leur patrimoine et à mettre en valeur leur environnement serait affaiblie; le sort d'ailleurs de nombreuses communautés en dépend et, sans son apport, il pourrait être encore plus sombre. Il y a donc une relation de mutuelle interdépendance entre le tourisme et l'environnement qui, si elle est adéquatement gérée, peut s'avérer bénéfique à tous les concernés.

Ces réflexions sont tirées d'un rapport produit en 1991 par l'*English Tourist Board* pour le compte du ministère de l'Emploi d'Angleterre. Son titre et son propos, *Tourism and the Environment — Maintaining the Balance*, sont à la fois révélateurs des intentions et convictions de ses auteurs. Ce rapport, notons-le, a fait suite à un colloque tenu à Belfast — oui, en Irlande du Nord — en août 1990, qui a rassemblé des gens venus de divers horizons (tourisme, aménagement, emploi, patrimoine, environnement, transports, entreprise privée, etc.).

Sa lecture s'avère fort stimulante. Sa présentation est soignée (papier glacé, illustrations nombreuses et en couleurs, mise en pages aérée et attrayante), ce qui est rare pour une publication du genre, et démontre l'importance accordée au sujet. Le contenu et le traitement, qui s'intéressent autant à l'analyse de situations générales et de cas types qu'à la formulation de recommandations précises, sont également d'une qualité qui sort de l'ordinaire: il faut bien constater que de tels rapports — quand ils existent — sont habituellement le fait de phrases évasives, de lieux communs et de vœux pieux.

Souvent, les répercussions environnementales du tourisme sont vues sous un angle qui avoisine le désastre. Sans les minimiser, le rapport est plus nuancé. S'il souligne notamment que le tourisme peut considérablement affecter l'environnement naturel et humain des lieux ainsi dévolus à son exercice, il relève d'autre part que ce dernier peut créer des emplois, stimuler l'économie, éveiller l'intérêt de tout un chacun pour l'histoire, le patrimoine et la nature, améliorer la qualité et la variété des infrastructures et des services locaux, apporter plaisir et épanouissement aux visiteurs et aux résidants.

L'accent d'ailleurs donné aux interactions qui s'établissent entre ces deux groupes — n'ayant ni les mêmes préoccupations immédiates ni la même conscience de l'environnement des espaces devenus touristiques — vaut d'être souligné. Trop d'études, qui se veulent complètes ou savantes, ignorent cette donnée pourtant essentielle des relations, des échanges sinon des conflits qui se développent entre les personnes vivant sur place, dans un environnement familier, d'identification et d'appartenance, et celles qui s'en servent de façon occasionnelle comme lieu «exotique» (c'est-à-dire différent de leur environnement quotidien) et moyen de délassement.

L'objectif général du document est de favoriser une harmonisation, je cite, entre «les visiteurs, les lieux visités et les résidants», harmonisation qui concrétiserait ce que les auteurs appellent le tourisme durable (*sustainable tourism*). Au nombre des principes retenus pour en permettre l'expression, retenons les suivants :

• l'environnement a une valeur intrinsèque dont la dimension touristique augmente le poids;

• le tourisme devrait être reconnu comme un actif (*positive activity*) tant pour les résidants que pour les lieux visités;

• les relations entre le tourisme et l'environnement doivent être gérées de manière à préserver l'environnement pour les générations futures;

• les projets et activités touristiques devraient respecter l'échelle, la nature et la personnalité de leurs lieux d'exercice;

• l'industrie touristique, les autorités locales et les organismes environnementaux devraient travailler de concert au respect de tels principes.

Pour donner plus de chair à toute cette matière, *Tourism and the Environment — Maintaining the Balance* identifie en parallèle certains problèmes majeurs (surutilisation des sites touristiques, circulation intensive, dégradation physique des lieux, développement incontrôlé, conflits sociaux avec les résidants) et des mesures d'intervention appropriées (évaluation des capacités d'accueil, politiques de transport et de circulation, marketing et information, conservation et mise en valeur, planification et contrôle du développement, implication des communautés locales).

Il n'y a plus qu'à espérer qu'un tel document trouve une large audience dans les îles britanniques mais aussi au Québec. Il y a là matière à une réflexion collective qui nous serait très profitable.

❏

Les touristes, amis ou ennemis ?

L'Antarctique mis à part, il y a des êtres humains qui ont fait leur nid partout sur la terre. Même dans les déserts les plus chauds ou les plus froids, même dans les montagnes les plus inaccessibles ou les profondeurs des forêts les plus moites, des groupes humains se sont organisés et ont entretenu avec leur environnement immédiat une relation étroite, intime, de survie mais aussi d'identification. Partout ainsi, les êtres humains ont pris pays.

Puis sont arrivés des gens d'ailleurs : des commerçants, des émissaires politiques, des militaires, des prêtres. Tous ces pays, toutes les contrées habitées par des collectivités — fussent-elles les plus sauvages et retirées — ont reçu, plus ou moins régulièrement des visiteurs : ils prirent le nom générique d'étrangers. Et, malgré la méfiance, malgré les réticences, l'hospitalité s'est développée : à travers les sociétés et les civilisations, accueillir l'autre, le voyageur, l'étranger, même un ennemi, lui offrir gîte et couvert, parfois au risque de se priver soi-même, est devenu un geste d'honneur, un geste sacré.

Puis sont arrivés les touristes. Une autre race de monde. On connaît l'histoire : on sait qu'ils existaient dans l'Antiquité, au

Moyen Âge, à la Renaissance, ils allaient assister aux premiers jeux à Olympie, se retirer dans leurs villas à Pompéi, ils partaient en pèlerinage, faisaient, s'ils étaient riches ou enclins aux beaux-arts, la tournée des orgueilleuses cités italiennes. Mais ils étaient au total peu nombreux.

En ce siècle, avec l'avènement des lois sociales promulguant les congés payés, avec l'amélioration générale du niveau de vie dans les pays dits économiquement avancés, les touristes sont devenus légion. Ils sont partout. Et il n'est pas un endroit du globe — y compris l'Antarctique — où ils ne se répandent, entretenant avec les résidants des relations ambiguës, tantôt apparemment amicales, tantôt carrément antagonistes — qu'on se rappelle le cas récent de la Floride.

Les uns ont besoin des autres, et réciproquement. Les résidants offrent services, prestations et accueil. Les visiteurs viennent se faire servir, paient en conséquence et procurent des revenus aux premiers : ils sont envahissants, souvent arrogants ou irresponsables, heurtant sans s'en rendre compte les valeurs et l'organisation de la vie de ceux et celles qui vivent là, non comme eux en transit, mais jour après jour. La relation entre les deux groupes n'est pas toujours une lune de miel, loin s'en faut.

Qu'il soit évident ou non, le fossé existe. Il y a conflit d'usages, conflit de valeurs. Le regard posé sur les lieux touristiques eux-mêmes n'est pas pareil : pour les résidants, ce ne sont pas des lieux touristiques, c'est-à-dire des lieux si particuliers et attirants qu'ils méritent le déplacement, mais les lieux utilitaires de leur vie ordinaire, quotidienne. Les villégiateurs, entendons ici les usagers réguliers d'une résidence secondaire dans un lieu par conséquent visité à répétition, n'y échappent pas : ils sont considérés comme des étrangers par les gens *de la place*, malgré leurs efforts parfois soutenus pour s'intégrer.

Combien de fois, entre les deux groupes, s'installe la suspicion, au mieux l'indifférence et l'ignorance mutuelle, au pire la morgue et l'agressivité ? Combien de rêves ainsi se sont évanouis ? Qui ne rêve, au cours d'un voyage, d'un séjour dans un ailleurs plus ou moins lointain, de rencontrer les gens tels qu'ils sont, de vivre chez eux, avec eux ? Et qui n'a été déçu de ne trouver que mercantilisme et goût du lucre ? Qui d'autre part n'a pas rêvé d'accueillir l'autre de la meilleure façon qui soit, de lui offrir la plus substantielle fibre de son être, et n'a rencontré que voyeurisme, superficialité et bête consommation?

Il semble bien que ce n'est pas demain la veille que sera tranchée la vieille question : les touristes, amis ou ennemis ?

❏

Combien de touristes, dites-vous ?

Les relations entre les touristes et les résidants des lieux qu'ils visitent ne baignent pas toujours dans l'huile. Elles sont souvent marquées de mécontentement sinon d'orages. Si vous voulez en savoir un brin, « piquez une jase » avec des résidants du Vieux-Québec ou du Vieux-Montréal : le moins que l'on puisse dire, c'est que les horaires des uns et des autres ne concordent pas toujours...

De même, les relations entre les touristes et les lieux qu'ils visitent ne vont pas sans heurts ni dangers pour ces derniers. Par définition, les touristes sont des êtres humains qui consacrent une partie de leur temps au voyage (l'autre, plus grande, allant au travail), qui suivent les modes et vont le plus souvent là où on leur dit d'aller. Conséquence : en certaines parties de l'année — dites de haute saison —, il y a des lieux qui sont littéralement submergés par les visiteurs.

D'où la question : existe-t-il un seuil de tolérance maximal que les lieux touristiques, les résidants et les touristes eux-mêmes ne peuvent dépasser ?

Là-dessus, des armées d'experts essaient chaque année de déterminer avec une précision toute mathématique le taux d'absorption maximal — sinon optimal — qu'un espace de dimensions données peut présenter. Ces évaluations permettent d'établir des normes utiles à la gestion de tels espaces et guident également le travail de ceux qui doivent planifier l'aménagement. Le tableau ci-joint, tiré du magazine *Built Environment*, montre que cette capacité d'accueil physique varie selon la nature des lieux et de leurs installations et aussi de la durée moyenne des visites (indiquée par le taux de renouvellement quotidien des visiteurs).

Ressources touristiques	Capacité		Taux de renouvellement quotidien
	(personnes à l'hectare)	(personnes au km)	
Milieu rural	0,5		1
Aires de pique-nique non aménagées	8		3
Terrains de golf	0,7		2
Parcs urbains	20		3
Maisons historiques	20		3
Littoraux et zones escarpées		25	2
Plages sauvages		200	3
Attractions urbaines et plages aménagées		1000	3

Il est par ailleurs beaucoup plus difficile de cerner le niveau de tolérance psychologique, puisque entrent alors en ligne de compte la culture, les valeurs et les besoins tant mentaux que matériels des personnes impliquées, le temps de l'année, de la semaine ou de la journée, l'état de la conjoncture sociale et économique aux lieux de départ et d'arrivée et bien d'autres facteurs difficilement quantifiables. En fait, même s'il est possible de dégager certaines généralisations, chaque lieu reste particulier et exige une approche en conséquence.

Tout cela ne va pas sans poser de problèmes, de graves problèmes souvent, en raison de la nature humaine et des comportements de ceux et celles appartenant à l'espèce dite du roseau pensant. Qui est allé à Paris sans faire sa visite obligée à Notre-Dame, non par piété mais pour obéir au rituel touristique qui en a fait un *must*? Le 1er juillet 1992, *Le Figaro* titrait

«Notre-Dame meurtrie par la foule — Le monument paie la rançon de son succès», un reportage qui relevait que la cathédrale était on ne peut plus menacée par ses 40 000 visiteurs quotidiens: ceux-ci attaquent en effet ses vénérables pierres en dégageant 700 litres d'eau par leur respiration et en allumant 1,2 million de cierges par an. Sans oublier, à l'extérieur, les pluies acides et les gaz d'échappement!

Les touristes, pour leur part, s'ils trouvent plaisir et satisfaction à visiter des endroits renommés, qu'il *faut* voir, en viennent à perdre tout intérêt s'ils deviennent trop fréquentés, que ce soit des musées ou des plages. Car, on ne le sait que trop, surpeuplé, n'importe quel endroit, fût-il le plus beau du monde, perd tout ses charmes.

Où se trouvent les solutions? D'ailleurs, en existe-t-il? Le français Thurot invoque la capacité de charge à déterminer alors que le géographe britannique John Hall parle davantage de possibilité d'accueil (*capability*), ce qui nous ramène au seuil de tolérance évoqué plus haut. Que faut-il faire? Interdire, comme d'aucuns le soutiennent, certains sites à l'accès public ou y imposer de sévères contingentements? À quels critères alors obéir: à ceux du membership, de frais d'entrée ou du premier arrivé, premier servi?

Toutes ces considérations mettent aussi en cause l'acte d'informer: ceux et celles qui en font le métier doivent-ils s'imposer la loi du silence ou de la retenue mentale pour protéger des lieux trop populaires, à la limite de la saturation? Doivent-ils faire de l'information sélective destinée aux personnes jugées capables d'apprécier et de se comporter correctement? Une telle attitude, on le voit, comporte ses excès...

Et que dire des promoteurs? Ils sont multiples et polymorphes, depuis le boutiquier jusqu'aux édiles municipaux, depuis l'agent de voyage jusqu'au planificateur gouvernemental. En cette ère de déréglementation à tout crin, la tendance est plutôt à favoriser la concurrence tous azimuts et la libre loi des marchés, non à imposer des contraintes, soient-elles psychologiques ou morales. Car c'est vraiment de cela qu'il s'agit: il est de la responsabilité des promoteurs et exploitants de sites et d'attraits touristiques de définir leur action non seulement en fonction des

revenus et profits à générer mais aussi de la satisfaction des visiteurs et des résidants, en fonction de la longévité des sites.
Et de leurs commerces.

❏

L'environnement, un concept rentable

L'environnement est à la mode. Terriblement.

Ceux qui s'en préoccupaient, voici à peine quinze, vingt ans, passaient pour de doux rêveurs, des farfelus ou des illuminés ou, pis encore, pour des emmerdeurs, des empêcheurs de tourner en rond, des inconscients des exigences économiques.

Aujourd'hui, tout le monde invoque le dieu Environnement et parle de développement durable sans vraiment savoir, dans la plupart des cas, ce que veulent dire et impliquent ces expressions. Mais, très vite, l'on a constaté, dans les chaumières comme dans les bureaux des grandes entreprises, que de valeur personnelle et fondamentale l'environnement est devenu valeur commerciale.

En ce monde du tourisme où l'image est si importante, que pensez-vous qu'il arrivât? Nouvelle panacée, l'environnement est servi à toutes les sauces. Il n'est pas une semaine que je ne reçoive des brochures, des communiqués, des déclarations de tout ordre faisant l'éloge de la conscience environnementale de telle entreprise touristique, de telle destination. Pourtant, le plus souvent, il s'agit de pareil au même: à part le discours, ni le produit ni les gens n'ont changé.

C'est pourquoi il est particulièrement rafraîchissant de constater parfois que certaines entreprises — et non les moindres — ne s'en tiennent pas aux belles paroles...

Dans une allocution prononcée le 27 mars 1992 pour commémorer les trente ans d'existence de Swissair au pays, son directeur pour le Canada, Werner Krummenacher, rappelait que «seule, sa capacité à offrir un produit de première qualité assure à Swissair une place enviée dans le marché mondial du transport aérien ». Affirmation qui n'est pas gratuite quand on sait que la firme est l'une des mieux cotées de sa catégorie.

Pour illustrer son assertion, Werner Krummenacher ajoutait que tous les longs-courriers DC-10 allaient être remplacés à partir de juin par les MD-11 commandés à McDonnell-Douglas qui sont « beaucoup plus performants et, fait important, écologiques, car ils émettent moins de matières polluantes et sont moins bruyants ».

Il ajoutait :

Le respect de l'environnement constitue une préoccupation majeure chez Swissair. La réalisation en 1989 d'une étude environnementale — la première à être réalisée dans l'industrie du transport aérien — en témoigne. Suite à cette étude, la compagnie s'est dotée d'une nouvelle politique environnementale qui inclut, entre autres, la promotion d'activités de recherche continue, la réduction d'émissions de déchets toxiques, l'introduction de nouveaux procédés et produits plus conformes à la protection de l'environnement, la réduction de déchets liés aux activités d'ingénierie et d'entretien. Cette volonté de protéger l'environnement s'est traduite par la mise en place de mesures concrètes dans toutes nos activités commerciales.

Ces propos faisaient écho en quelque sorte à ceux tenus quelque temps auparavant par Otto Loepfe, président de la Direction, lors de la présentation officielle de son « écobilan » :

Une compagnie aérienne financièrement saine a les moyens d'investir *propre*. Les facteurs économiques ne sont pas les seuls à déterminer l'avenir d'une entreprise. Il faut également tenir compte d'éléments sociaux et écologiques dans toutes les prises de décision importantes. En étant la première au monde à examiner scrupuleusement son action écologique, Swissair fait œuvre de pionnière.

Pour ce faire, l'année 1989 a été examinée en détail. Ainsi, les 55 avions de la flotte avaient émis, dans la zone aéroportuaire de Zurich, 429 tonnes d'oxyde d'azote et 288 tonnes de monoxyde de carbone, respectivement trois fois et demie et huit fois moins qu'en 1970. Les nuisances acoustiques ont été, quant à elles, sensiblement réduites : sur un total de 63 500 décollages, 13 200 (20,8 %) avaient dépassé la limite de 90 décibels et, au milieu de 1991, tous les appareils de Swissair n'avaient pas dépassé ce niveau.

La peinture et le décapage des avions, le dégraissage des pièces de moteurs et la révision des éléments des réacteurs et des avions ont émis 250 tonnes d'hydrocarbures. Un sytème d'épuration interne a permis de réduire la pollution des eaux usées due aux produits chimiques et métaux lourds. Par ailleurs, quelque 1 000 personnes travaillent aux services alimentaires (*catering*) de Swissair à Zurich : 26 000 repas y sont quotidiennement préparés pour Swissair et d'autres entreprises; en 1989, 7 220 tonnes de produits alimentaires, de journaux, de matériel d'emballage, de verre, de matières synthétiques, d'aluminium et d'autres métaux avaient été livrées à Swissair. Le tri des détritus à bord de ses avions et au service alimentaire a permis de recycler 2 000 tonnes de produits : 430 tonnes de verre usagé, 12 tonnes de bouteilles, 38 tonnes d'aluminium, 16 tonnes de graisses et huiles, 40 tonnes de restes de repas, 1 534 tonnes de carton et de papiers usagés.

Dans ce bilan, le délégué de la direction de Swissair à l'environnement, Willi Schurter a identifié quatre « orientations claires de courte et moyenne échéances » :
• la création d'un support logistique et humain pour un traitement approprié des questions écologiques;
• la réduction locale et globale de la pollution causée par le trafic aérien, la circulation au sol et les activités techniques;
• la réduction des volumes de détritus et l'optimisation de leur élimination;
• la réduction de la consommation d'énergie.

Il soulignait que certaines mesures avaient déjà été mises en place : le choix de nouveaux moteurs, l'installation d'alimentations énergétiques aux jetées d'embarquement, la diminution du nombre de plateaux-repas à bord pour limiter le gaspillage, l'introduction de tarifs réduits pour les transports publics afin de contrer les déplacements individuels, la modernisation du traitement des eaux usées. « D'autres mesures vont suivre, écrivait-il. Tous ces projets doivent être objectivement réalisables du point de vue technique et financier. »

Plus significative encore était sa conclusion:

Swissair ne tient pas à faire cavalier seul en matière d'environnement, ce qui, au regard de la dimension du problème, serait techniquement et économiquement impossible et inefficace.

Comme quoi, la vertu, pour être réelle se doit d'être collective...

Ces réflexions sont enfin surprenantes: alors que la très grande majorité des sociétés aériennes se débattent avec des bilans financiers teintés de rouge et cherchent par tous les moyens à couper leurs frais d'exploitation et à trouver des partenaires avec qui s'associer, la stratégie du transporteur national suisse peut sembler à contre-courant: elle démontre avec éloquence que les meilleures performances économiques, fussent-elles en transports et tourisme, sont indissociables des meilleures performances environnementales.

❏

Le tourisme industriel, pour réconcilier industrie, environnement et culture

L'un des sites les plus visités de Venise est l'île de Murano où l'on souffle le verre depuis des siècles; de même, l'un des principaux attraits touristiques d'Amsterdam loge dans les arrière-boutiques de diamantaires où des artisans patients façonnent la précieuse pierre.

Voyons ailleurs. Avec Disneyworld, les installations de la Nasa au complexe de cap Canaveral constituent l'un des sites les plus assidûment fréquentés par les visiteurs de la Floride. Les vignobles sont très populaires auprès des touristes qui vont dans la campagne française: un vin n'a plus le même goût ni la même signification une fois qu'on a vu son terroir et connu ses artisans. Plus près de nous, le barrage Daniel-Johnson et la centrale Manic 5, pourtant à 215 kilomètres à l'intérieur des terres derrière Baie-Comeau, drainent chaque été quelque 20 000 touristes vers la Côte-Nord québécoise.

Nous parlons ici de tourisme industriel.

Récemment, l'agence France-Presse nous apprenait que dix millions de Français visitent chaque année des centrales nucléaires, des chaînes de montage d'Airbus comme toutes sortes d'entreprises artisanales. Aujourd'hui, 4 000 sociétés industrielles de l'Hexagone, soit environ 10 % du total, ouvrent ainsi leurs portes au public. EDF (Électricité de France) arrive en tête, avec près d'un million de visiteurs par an, dont 600 000 pour les barrages hydro-électriques et plus de 350 000 pour les centrales nucléaires. À elle seule, l'usine marémotrice de la Rance, près de Saint-Malo, accueille de 350 à 400 000 visiteurs chaque année.

Surprenant? Peut-être moins qu'on puisse le penser.

En fait, le tourisme industriel pourrait s'avérer le tourisme le plus noble puisqu'il s'intéresse à la sueur des hommes, à leur labeur quotidien et à leurs lieux de travail, à leurs productions et aux moyens, techniques, ressources et structures d'organisation pour assurer ces productions. Il est une voie privilégiée pour s'intéresser de façon intime et concrète à la culture des individus et de leur société. Il permet de plonger dans leurs racines profondes.

Pour l'économie en général et l'économie des régions et localités en particulier, le tourisme industriel présente de nombreux avantages.

• Il ne demande pas d'investissements d'infrastructures puisque l'attrait existe déjà. Il n'y a pas nécessité de construire, d'édifier, d'ériger : en devenant des centres d'intérêt pour les visiteurs, les usines, ateliers et autres lieux de travail acquièrent une fonction supplémentaire, la fonction touristique. Les entreprises concernées doivent alors *composer* avec cette nouvelle vocation, en soi secondaire, et adapter leurs opérations en conséquence au moyen de déboursés somme toute assez modestes : aménagement de lieux d'accueil, mise au point de techniques d'information, d'horaires et de circuits de visites, embauche et formation de guides, etc. Les dépenses pour les collectivités (sous forme de prêts, de subventions, d'investissements directs, etc.) sont d'autant plus réduites — sinon éliminées — que celles-ci sont à la charge des entreprises.

• En raison de cette prise en charge de son infrastructure et de ses programmes par les entreprises, le tourisme industriel ne coûte pas cher aux visiteurs et organisateurs de voyages : la plupart du temps, les visites sont gratuites ou n'impliquent que des frais d'entrée minimes. Intégrer une ou plusieurs visites industrielles au sein d'un voyage offre un double avantage : meubler l'horaire des journées tout en n'entraînant pas de hausses marquées des coûts. D'où la popularité des visites industrielles auprès des clubs dits de l'Âge d'or et des groupes scolaires, qui ont des budgets limités.

• L'ouverture au public de leurs propriétés et lieux de production s'inscrit dans les opérations de marketing et de relations publiques des entreprises. Le tourisme industriel leur permet de satisfaire de nombreux objectifs : mieux faire connaître leurs produits et mousser leurs performances commerciales, fournir une vitrine privilégiée de leurs activités pour mieux « positionner » leur image de marque, leur donner l'occasion d'agir en bons citoyens corporatifs ou, à tout le moins, de se présenter comme tels. D'éléments indésirables ou tout simplement tolérés, les industries deviennent ainsi attrayantes par l'acquisition de cette nouvelle valeur que leur confère le tourisme.

• Outre le développement d'une nouvelle cohésion sociale, le tourisme industriel contribue de la sorte à favoriser l'injection, dans l'économie locale puis régionale et nationale, de sommes que l'activité industrielle à elle seule n'aurait pu attirer. L'existence des établissements industriels et la prise en charge par les entreprises de l'organisation des visites facilitent également la mise en place de circuits et de forfaits ainsi que le développement de thèmes susceptibles de déclencher l'idée de départ chez de nombreux voyageurs potentiels. Et, de là, à favoriser l'image de marque d'une région (par exemple : industries de l'automobile et de la motoneige dans les Cantons de l'Est, alumineries au Saguenay/Lac-Saint-Jean, hydroélectricité et papetières sur la Côte-Nord), il n'y a qu'un pas.

Malgré tous ces avantages, le tourisme industriel demeure encore au Québec à l'état embryonnaire. Peu d'efforts concertés sont faits pour en assurer le développement, même si en ces temps de la commission Bruntland et du Sommet de Rio, il peut participer activement à réconcilier l'industrie et l'environnement. Pourtant, il pourrait être plein de possibilités s'il venait à être soutenu et encouragé.

En France, autre pays de grande destination touristique, le tourisme industriel n'en serait, selon les observateurs, « qu'à ses premiers balbutiements ». Un sondage mené en 1990 pour le ministère du Tourisme français a indiqué que 73 % des Français souhaiteraient, s'ils en avaient l'occasion, visiter des entreprises. Une autre enquête auprès des entreprises ouvertes au public a montré que plus de la moitié d'entre elles désirent développer cette activité, notamment pour mettre en valeur leur image de marque.

Pernod-Ricard, par exemple, a ouvert au public ses dix-neuf sites de fabrication où 250 000 visiteurs ont pu se familiariser avec les techniques de fabrication de jus de fruits ou de vieilles eaux-de-vie. En parallèle, l'ensemble du tourisme technique et scientifique se développe sur le territoire de l'Hexagone, sauvant parfois de la casse de vieilles usines, comme le haut fourneau de l'usine Lorfonte-d'Uckange en Lorraine qui avait arrêté ses activités en 1991 et qui depuis a été placé en instance de classement par la Commission nationale des biens historiques.

On y constate aussi l'apparition d'écomusées et de circuits mettant en valeur les traditions industrielles ou artisanales. Dans le Nord-Ouest, le comité de tourisme de Seine-Maritime propose maintenant une route du verre, axée sur la découverte d'un savoir-faire ancestral qui se perpétue aujourd'hui avec la fabrication de flacons et de bouchons destinés aux noms les plus prestigieux de la parfumerie française.

Voyons au Québec. En mars 1982, sous la signature de Martine Boivin, Louise Matthews et Jean-Marie Lucas de Girardville, ce qui était alors le ministère de l'Industrie, du Commerce et du Tourisme du Québec (MICT) a publié une étude sobrement intitulée *Le Tourisme industriel.* Ce fut, à ma connaissance, la seule contribution significative jamais faite en ce domaine au Québec. Elle n'eut pas de suite. Et ce n'est pas qu'elle manquait de qualités...

Pionnière, cette étude a défini la problématique du tourisme industriel et comportait, en plus, des suggestions de circuits, de forfaits et de thèmes à développer, des recommandations sur les moyens à prendre pour commercialiser le produit, élargir la clientèle, animer les visites, intéresser les municipalités et les entreprises tant industrielles que touristiques. Elle se permettait aussi des propositions sur les rôles respectifs des divers partenaires : le ministère du Tourisme, les intervenants du milieu et les industries elles-mêmes.

> Ce nouveau produit, concluaient ses auteurs, constitue un appui fidèle à l'image spécifique de toutes les régions du Québec grâce à une qualité qui lui est propre; c'est d'exposer l'éventail des valeurs humaines, sociales et économiques véhiculées dans la société québécoise et qui en sont le miroir. Excursions ou forfaits, la découverte des monuments constituant l'empreinte du XXᵉ siècle sur le paysage social québécois, l'observation de l'environnement économique et industriel du pays apparaissent comme les compléments indispensables à la connaissance d'une histoire, d'une culture et des coutumes locales ou nationales.
> [...]
> Le touriste, rappelaient-ils, est en quelque sorte un vacancier qui regarde les autres travailler. C'est ainsi

que, pour déchiffrer le message d'un peuple, il faut savoir d'où il tire ses ressources. [...] Le tourisme industriel est donc une composante du tourisme culturel, et pour être efficace, il doit puiser aux sources mêmes de la spécificité économique régionale ou nationale, surtout quand on sait l'importance des interrelations entre l'économie d'un pays et son histoire, sa géographie et sa vie culturelle.

On ne retrouve toutefois pas trace de ces préoccupations dans les activités du ministère du Tourisme, qui a pris par la suite la relève du MICT, ni dans les documents qu'il a récemment publiés. Pour un, *Le Tourisme au Québec — Une réalité économique importante* ne retient le tourisme industriel ni parmi les produits touristiques québécois ni parmi les caractéristiques de la demande; de même, le secteur industriel n'a pas été intégré aux nombreux « partenaires du milieu touristique » identifié dans le document.

Autre document important par ses intentions et sa portée, l'*Énoncé de politique en matière de tourisme*, présenté comme un document de réflexion, ne lui consacre aucune ligne, ni dans son analyse, ni dans les éventuels axes de mise en œuvre (« acteurs » à impliquer, « stratégies à repenser », « ressources à bonifier »), ni au sein des « objectifs et des principes directeurs de développement du secteur touristique ».

Pourtant, parmi ses priorités d'intervention pour le « développement d'une personnalité touristique propre au Québec », l'*Énoncé de politique en matière de tourisme* met en tête de liste le « choix d'un positionnement : culture-nature » sans qu'y soit associé, parmi la « sélectivité des produits à la base du positionnement », le tourisme industriel qui pourrait permettre une meilleure convergence non seulement du tourisme et de l'environnement mais aussi des activités industrielles et de l'environnement. Et, bien sûr, un tourisme mieux réussi.

Au Québec, deux sociétés, Hydro-Québec et la papetière Cascades, sont particulièrement actives dans le domaine de ce qu'on appelle les visites industrielles, méritant même des récompenses et mentions dans le cadre des Grands Prix québécois du

Tourisme. D'autres entreprises œuvrant principalement en région dans l'agro-alimentaire, les meubles ou le transport font des efforts en ce sens. Des écomusées, tels ceux de la Maison du Fier-Monde et des Deux-Rives à Valleyfield, ont développé des thèmes associés au tourisme industriel. Mais, dans l'ensemble, les initiatives demeurent dispersées et somme toute assez modestes.

Il faut comprendre qu'en ouvrant leurs portes à des visiteurs, à des gens *étrangers* à leurs pratiques et manières de faire, à ce que les sociologues appellent leurs *cultures*, les entreprises s'exposent aux regards curieux ou même inquisiteurs, aux questions qui peuvent être parfois embêtantes. En révélant une part de leur intimité, elles acceptent ipso facto de s'exposer aux critiques et de revoir en conséquence leurs procédés, leurs approches sinon leurs philosophies fondamentales.

Le tourisme industriel exige des entreprises une dose certaine de transparence. Bien sûr, elles peuvent toujours essayer de s'en servir pour améliorer leur image auprès des consommateurs, pour manipuler l'opinion, se gagner la faveur du public et espérer, de la sorte, retarder l'échéance qui les obligera à avoir une meilleure performance environnementale et à investir en conséquence. Ce qui est toutefois rassurant, c'est que la protection et la mise en valeur de l'environnement font aujourd'hui partie, ainsi que l'attestent les nombreux sondages d'opinion, de valeurs solidement ancrées dans notre société post-industrielle.

L'expérience des dernières décennies nous enseigne que ce sont les sociétés, tout comme les entreprises industrielles, qui prennent le plus à cœur leur environnement qui obtiennent les meilleurs résultats économiques à long terme. On peut donc souhaiter que les autorités compétentes s'associent au plus tôt avec leurs partenaires sectoriels et régionaux et aussi leurs partenaires industriels pour donner le véritable coup de départ du développement et d'une promotion du tourisme industriel au Québec.

Chapitre 6

Guides touristiques, récits de voyages et écrits de l'imaginaire

À partir de maintenant ce sera
moi qui décrirai les villes, avait
dit le Khan. Et toi, dans tes voyages, tu vérifieras si elles existent.

Italo Calvino
Les Villes invisibles

Fenêtres sur l'ailleurs :
le monde des guides touristiques

« De toutes les débauches, c'est le voyage que je préfère »,
écrivit Flaubert qui ne voyagea pas beaucoup mais intensément.

Encore faut-il, comme en toute débauche, se faire aider par
des guides qui pourront ou suppléer à l'inexpérience ou permettre à l'imagination — et aux prédispositions — de s'épanouir.

Les guides de voyage, puisque c'est de cela dont il s'agit,
sont des introductions à l'ailleurs. À des ailleurs, c'est-à-dire à
des formes d'inconnu, à des espaces physiques ou mentaux différents. Ils sont à la fois des outils de reconnaissance, pour se
familiariser au préalable avec lieux et gens, et des clefs d'inven-
taire, d'identification et d'utilisation.

Ils peuvent être aussi des incitatifs. Car il y a plusieurs types
de guides de voyage et, au premier chef, ceux qui donnent le goût
de partir, d'aller voir ailleurs justement. La gamme en ce cas est
étendue, depuis les récits de voyages jusqu'aux albums de photos.

En fait, tout peut s'avérer un incitatif au voyage : un air de
guitare andalou, un parfum évoquant la mer, une peinture de la
campagne anglaise, une orange cueillie au Maroc, un tapis dru
et soyeux tissé en Turquie ou dans l'Himālaya, des amis se rappelant des souvenirs agréables. Le désir de partir s'alimente à
tant de sources...

Toute sa vie, Tom Neale n'a eu que de fort modestes ambitions.
L'une d'elles cependant fut d'une très forte singularité : à près de
cinquante ans, il décida de vivre seul sur une île déserte, Souvarov,
quelque part dans l'immensité du Pacifique. Ce qu'il a réussi à faire
sur plus de quinze ans en l'espace de trois séjours. Son récit,
chaleureux et direct, témoigne d'une authenticité qui l'a entraîné
jusque dans des excès en voulant aménager son île et démontre que

la vie sur une île déserte, fût-elle dans le Pacifique Sud, implique des efforts et des dépassements quotidiens qui ne correspondent pas nécessairement à la définition que l'on se fait du paradis.

Paru en français chez Arthaud en 1983 sous le titre de *Robinson des mers du Sud*, cet ouvrage laisse souvent rêveur, à preuve cet extrait qui relate son premier rapatriement (car il était gravement malade) par deux jeunes marins venus le chercher :

> Quelque chose m'empêchait de m'éloigner de mon île avec eux. Jamais ils n'auraient pu comprendre combien il m'en coûtait de la quitter. Il n'y avait d'ailleurs pas de raison pour ces deux jeunes hommes intelligents qui «faisaient» le Pacifique puissent comprendre. Je savais que pour eux cette expérience ne serait jamais rien d'autre qu'un magnifique intermède; un souvenir nostalgique qu'on raconterait aux enfants au coin de la cheminée, un album de photos qui ressusciterait la grande aventure de leur jeunesse. Pour moi, au contraire, l'île ne représentait pas une aventure mais quelque chose d'infiniment plus profond. Tout un mode de vie.

Voici une quinzaine d'années, des études de marché avaient démontré qu'un film paru à cette époque, *Le Taxi mauve*, avait drainé vers l'Irlande des cohortes de touristes, s'avérant aussi efficace sinon davantage qu'une campagne de promotion touristique dûment orchestrée. Pourtant, il ne s'agissait que d'une comédie dramatique qui avait pris pour cadre la verte Érin. Mais les images étaient si belles, si puissantes…

Pour sa part, Georges Blond, documentaliste et narrateur de premier ordre, a signé une *Histoire de la flibuste* (parue dans le Livre de Poche). À proprement parler, ce livre n'appartient pas au genre des récits de voyages. On y retrouve des Antilles et des Tropiques qui ne furent pas toujours les destinations idylliques que l'industrie moderne du voyage a fabriquées. Mais il est de ceux qui savent nourrir l'imaginaire et susciter des départs.

Graham Greene fut un globe-trotter — lisez *Voyages avec ma tante* — et ses livres en attestent. Il n'en rédigeait pas une ligne sans aller se documenter sur place, constater par lui-même, afin de fournir « l'indispensable couleur locale »; et l'on sait qu'il préparait ses déplacements en consultant journaux et récits de voyages d'autres voyageurs et auteurs. Ainsi en fut-il de Rudyard Kipling et de tous ces écrivains qui furent les premiers guides de voyage de générations entières.

Avant de partir

Avant même d'établir un itinéraire et de décider des endroits à visiter, des circuits à parcourir, du temps à y consacrer et des sommes d'argent à dépenser, il faut souvent se donner une idée d'ensemble — et le goût. Trois sources peuvent alors s'avérer utiles.

• *Les ouvrages généraux*

De nombreuses maisons d'édition, Arthaud, Gallimard, Nathan (collection des guides Delpal) Larousse (collections « Des pays et des hommes », « Mondes et voyages ») entre autres, publient régulièrement des ouvrages généraux de nature encyclopédique, qui dressent des tableaux d'ensemble de la géographie, de l'histoire et de la situation économique, politique et culturelle actuelle de divers pays. Abondamment illustrés, ils sont complétés de sources bibliographiques aptes à orienter des recherches plus poussées.

• *Les livres de photos*

Pour beaucoup de gens, le dicton est vrai: les images valent mille mots. Plus que la lecture de pages évocatrices, elles nourrissent l'urgence de partir. À cet effet, des magazines comme *GÉO*, *Grands Reportages*, *Îles* ou même *Life* livrent chaque mois leurs fournées d'images. Moins éphémères dans leur conception et leurs propos, les livres de photographies engendrent souvent des élans de fidélité qui ramènent des yeux curieux sinon émerveillés à les feuilleter avec régularité et envie.

J'ai dans ma bibliothèque deux ouvrages magnifiques que je dévore sans m'en lasser: l'un, intitulé *Corridors of Time* (Ron Redfern, Times Books), plonge entre les hautes parois immémoriales du canyon du Colorado et l'autre, *L'Arctique circumpolaire* (Trécarré), présente par la lentille et les textes de Fred Bruemmer, photographe et voyageur émérite, toute la diversité de la nature et des peuples du pôle Nord.

Chez nous, les albums de Mia et Klaus sont exemplaires à cet égard. Imprégnés de maîtrise technique et surtout de sensibilité, ils expriment, au-delà de l'apparence des images, la personnalité des espaces saisis et reproduits. Je vous rappelle pour mémoire les ouvrages qu'ils ont signés, il y a quelques années, sur la ville de Québec et le Saint-Laurent, fleuve exceptionnel dont malheureusement nous avons trop longtemps détourné les yeux — et le cœur.

Récemment, ils sont revenus, toujours chez Libre Expression, en publiant *Le Québec des grands espaces*, une vaste respiration de 147 photographies qui guident les yeux et l'affection au creux du tissu intime de ce pays vaste et multiple: «J'aimerais, écrit Mia dans sa présentation, à ma dernière heure, revoir l'éblouissante succession de paysages qui ont fait la joie de nos vies.»

• *Les récits de voyage*

Autrefois, les auteurs se voulant dignes de ce titre, de Montaigne à Léautaud, de Mark Twain à Tourgueniev, ont plongé leurs plumes dans l'encrier pour reconstituer au bout de leurs doigts les pensées, impressions et sentiments qui les ont habités au long de leurs périples plus ou moins lointains. Aujourd'hui, machines à écrire et ordinateurs personnels sont à l'œuvre, mais les récits de voyage n'ont rien perdu de leurs magnétisme et popularité.

Ici, deux axes font converger le regard: le recul du temps et la sensibilité du narrateur auxquels s'ajoutent, bien sûr, les particularités du voyage lui-même et de la destination. Une maison, Actes Sud, est passée maître dans la publication de tels récits. Tous les livres qui y paraissent méritent amplement leur dose de lecture; les fenêtres ainsi ouvertes révèlent à qui veut bien s'en laisser imbiber des mondes et expériences apparemment hors de l'ordinaire, qui appartiennent cependant à la diversité du genre humain.

Ces œuvres éveillent le sens de l'aventure, au sens original du terme, à savoir cette faculté de se lancer en avant, de faire fi d'une quiétude certaine et d'accepter le doute et l'incertitude intrinsèquement liés à l'inconnu et au risque. Saine vitamine en ces jours où chacun chacune, en notre société de consommation hédoniste, reçoit sans cesse des pulsions à ne désirer que sécurité, confort et absence de «problèmes» et de surprises, aux dépens d'horizons nouveaux et ressourçants. Rappelez-vous *Le Loup et le Chien* du sieur de La Fontaine...

Les meilleurs auteurs de récits de voyage demeurent les Anglo-Saxons. Eux seuls, dirait-on, ont accès à cette douce et incomparable folie qui déverrouille la porte des réticences, laissant glisser en leurs âmes et corps cette forme d'inconscience inhérente à l'aventure du voyage. Du *trip*, comme ils disent. Lisez Eric Newby. Lisez Patrick Leigh Fermor, dans une veine plus littéraire, moins humoristique. Tout aussi excentrique.

Pendant le voyage

Il y a des guides continentaux, nationaux, régionaux ou même locaux. Il y a autant de guides touristiques que de destinations, de groupes d'âge, de façons et de raisons de voyager (la voile, le camping, la bouffe, l'histoire, la marche, l'escalade, etc.).

L'expérience démontre qu'on n'apporte avec soi qu'un seul guide en voyage, quel que soit le nombre qu'on ait lus ou consultés au préalable. Donc, inutile d'en acheter des rayonnages entiers, vous les laisserez chez vous. À moins que ce soit pour le plaisir de les lire...

Avant toute chose, sachez quelle sorte de voyageur vous êtes (pépère, aventurier, financièrement à l'aise ou un peu à l'étroit, curieux, blasé, etc.) et demandez-vous quel genre de voyage vous voulez faire (aller d'un endroit à l'autre, vous écraser deux semaines sous un palmier ou les pieds devant le foyer, etc.). Qu'est-ce qui vous intéresse: voir les Expos s'entraîner en Floride, courir les expositions, musées et concerts en Europe, marcher en montagne avec les enfants, bronzer sur une plage, n'importe quelle plage?

N'hésitez surtout pas à bouquiner. Entrez chez un bon libraire — il y a Ulysse, d'autres aussi — et lisez, dans divers ouvrages, des pages au hasard, les tables des matières. Faites confiance à votre première impression: si un guide ne vous plaît pas, n'insistez pas. Accordez de l'importance à la reliure, au format, à la qualité du papier et de la couverture. Un bon guide de voyage se juge à son contenu et à sa capacité d'être consulté à plusieurs reprises : il ne doit pas s'effilocher au bout d'une journée !

• *Les grandes collections*

Disons-le tout de suite : ce n'est pas cette année qu'on a inventé la roue. Les vrais bons guides de voyage ont déjà fait leurs preuves et occupent une large part du marché. Dans le monde francophone, ils s'appellent *Michelin* (*Verts* et *Rouges*), *Guides du Routard, Guides Hachette, Carnets du Voyageur* (Gallimard) et cætera. Pas étonnant : pour publier de tels guides à la fois exhaustifs, précis et dignes de la confiance du plus grand nombre, il faut de solides ressources financières car ils demandent de longues et coûteuses recherches.

Ces guides nécessitent aisément des investissements faramineux et des années de travail régulier de plusieurs collaborateurs qui agiront en collégialité et le plus souvent dans l'anonymat : plus qu'une pensée ou des goûts personnels, une recherche, qui n'a rien oublié, qui a tout soupesé, choisi et classifié en fonction des canons de l'objectivité la plus rigoureuse, doit en constituer la marque de commerce.

Ce qui ne veut pas dire pour autant qu'ils n'ont pas de personnalité. Ils doivent avoir au contraire un format, une présentation, des textes, des illustrations, un style, une touche qui les distinguent des autres. Pour être rentables, ces guides doivent constituer un repère vers lequel le voyageur, actif ou potentiel, se tournera. Sans cette confiance à développer et à maintenir, ils feront la ruine de leur éditeur.

Ces maisons ont compris que le succès de leurs ouvrages passe par la voie de collections spécialisées, bien identifiées, chaque titre donnant de la crédibilité aux collections et les collections faisant vendre les différents titres. C'est la collection, plus qu'un ouvrage en particulier, qui va chercher la clientèle et assure la crédibilité du produit : elle constitue un standard qui, d'une part, alimente la confiance du consommateur et, d'autre part, couvre et rentabilise les frais généraux de production de la maison d'édition.

Les guides *Hatier* et, bien évidemment, les guides *Verts* et *Rouges Michelin* en sont les prototypes. Leur réputation est tellement assurée que leurs éditeurs peuvent même se dispenser d'en faire la promotion. Une autre collection, moins connue, entre dans cette famille: il s'agit des «Carnets du voyageur», publiée chez Gallimard; son guide Paris est, à mon avis, l'un des meilleurs sur le marché. Cette collection, qui sera bientôt renouvelée, présente un double intérêt: sa facture, son format et sa recherche sont irréprochables, mais il y a plus car ce sont des ouvrages traduits et adaptés de guides *American Express* parus à l'origine en anglais. Pour nous, francophones d'Amérique du Nord, ils peuvent être fort précieux: contrairement à la plupart des guides disponibles en français, ils s'adressent à notre sensibilité et notre façon de voir en tant que Nord-Américains. Ce qui n'est pas négligeable.

Depuis quelques années, certains éditeurs québécois (L'Homme, Québécor, Stanké, Ulysse) s'essaient dans cette veine, avec plus ou moins de constance et de succès. Le cas le plus manifeste est Ulysse. Cette chaîne de librairies publie des titres particulièrement destinés aux consommateurs québécois. Elle a récemment fait paraître des guides intitulés *Québec* (ordinaire et, somme toute, décevant), *Ontario*, *Disney World*, *Montréal en métro* (qui proposent des sujets originaux). Rédigés en collaboration et vendus à un prix unique (19,95 $), ils respectent tous une même approche générale et une même présentation. Rien de génial mais une vision pratique et une information adéquate. Vous n'éprouverez pas de frissons...

• *Les guides d'auteurs*

Les guides que je préfère, je l'avoue, sont les guides d'auteurs, vous savez, ces livres où quelqu'un rassemble ses souvenirs, impressions et connaissances et dit à qui veut le lire: «Voyez! c'est ce que j'en pense. Je ne prétends pas faire œuvre exhaustive ni avoir raison sur toute la ligne, mais ce sont mes choix. Me suivrez-vous?» En anglais, Froemmer — vous souvenez-vous des *Five Dollars a Day* des origines? — a débuté sa carrière ainsi...

En un tel cas, le nom — sinon la photo — de l'auteur s'affiche bien en évidence sur la couverture. C'est une question de connivence et de confiance entre lui et ses lecteurs. Une question de sensibilité, de style également. L'auteur propose aux lecteurs et utilisateurs *son* interprétation des us et coutumes, *son* évaluation des lieux et de ce qu'il faut voir et faire. L'approche en ce cas prend souvent une tournure littéraire et les photos peuvent y occuper une place significative.

Dans un guide d'impressions, auquel genre appartient le *Guide du Québec* rédigé par Louis-Martin Tard, l'auteur ne prétend pas être exhaustif mais présente, au contraire, ses opinions et ses choix — qui peuvent être durement contestés parfois, comme l'ont été ceux de Tard. Il faut comprendre et admettre qu'une part d'arbitraire fait partie de cette formule qui exige des recherches, des inventaires, des travaux de cartographie et d'illustration. En raison cependant de son orientation et de son « climat » fondamental, ce genre de guide requiert des enquêtes moins approfondies, des mises à jour moins fréquentes et se révèle moins coûteux à produire. Et à acheter.

Voyons de plus près trois guides récents.

Le premier, même s'il n'en respecte pas toutes les règles (les noms des auteurs, Françoise Viau et René Viau, n'apparaissent pas en couverture), est certes le plus intéressant: *Québec 1992* (collection « L'Annuel Voyageur », Voyageurs du monde entier éditeur) est différent, parfois drôle, parfois sérieux comme un évêque, farci de digressions et commentaires, d'observations sociologiques, ponctué de citations de correspondants (« Un tel nous a écrit... ») tout en tenant le pari d'être pratique.

Francine Grimaldi est un personnage. Certains l'aiment, d'autres moins. Chose sûre, *vadrouilleuse* de métier et de tempérament, elle connaît sa ville et sa faune: *Le Grimaldi. Guide des plaisirs de Montréal* (Stanké) n'est surtout pas une imposture. Et puis, question imagination et fantaisie, elle n'est pas à court. Aidée de Carmen Langlois, elle ouvre, à sa manière bien typique, des tas de fenêtres sur un Montréal à la fois autre et familier. De toute évidence, le propos aurait pu être plus serré, plus travaillé: elle n'a pas consacré des années à sa rédaction. Mais, davantage que l'auteure, l'éditeur en porte, je crois, la responsabilité.

Quant au *Guide touristique de la Gaspésie* (Stanké) de Laurence Gagnon, j'ai le regret de déclarer que je l'ai trouvé plate comme la pluie, un soir de novembre. L'intention est belle mais le ton est *drabe* et la recherche couci-couça. La jaquette nous parle d'une « grande amoureuse de cette région unique au

Québec »; je me dis qu'elle a, cette fois-ci, oublié son âme d'auteure quelque part par là...

• *Les guides thématiques*

Les guides thématiques, eux, s'adressent sans détours à des clientèles particulières. Vous aimez les croisières sur le Saint-Laurent, en Méditerranée ou dans les Antilles ? *Croisières passion* de Michèle Vlandina (L'Archipel) vous fournira des heures et des heures de lecture. Aux gens qui recherchent autre chose que l'accueil des hôtels, *Gîtes du passant au Québec* (Ulysse), établi avec la Fédération québécoise des agricotours, fera office de répertoire officiel en livrant, des B&B, Gîtes à la Ferme et Maisons de campagne qui agrémentent nos régions, toutes les données utiles (adresses, prix, descriptions, etc.).

Terminons par un beau et bon dessert, à saveur de randonnées cyclistes. Deux guides, *Une invitation aux plaisirs (25 randonnées à vélo au Québec)* et *Répertoire des sentiers de vélo de montagne (34 destinations à vélo au Québec)* aurait, en d'autres temps, mérité à leurs auteurs (Yves Pilon et Claude Bernard) et à leur éditeur (Les Éditions Tricycle inc.) une figure d'ange en haut de la page : reliure spiralée, format pratique, cartes claires, commentaires brefs et pertinents, informations techniques, de quoi faire de tout cycliste un touriste impénitent...

❏

Un guide Michelin sur le Québec

Le lancement, à Montréal et dans la Vieille Capitale, du guide Vert Michelin du Québec a été un événement. Les médias, tant écrits qu'électroniques, l'ont souligné, lui accordant une large couverture.

On connaît le produit : ces bouquins oblongs, de solide reliure, à la fameuse jaquette verte, portant en effigie le non moins célèbre Bibendum, accompagnent depuis plusieurs décennies des générations de voyageurs, francophones certes mais aussi d'autres langues d'origine. Pour tout dire, les guides Michelin sont devenus une espèce de référence incontournable, des «classiques» dans le monde des destinations et itinéraires touristiques.

Les Michelin ont souvent été imités, plus ou moins copiés, tout comme ils ont inspiré beaucoup d'autres guides. Mais ils n'ont jamais été remplacés. Peut-être parce que leurs préparation et fabrication nécessitent trop d'investissements en temps, personnel et argent, investissements que seule peut se permettre une entreprise, en l'occurrence un fabricant de pneumatiques, dont le tourisme ne constitue pas, à proprement parler, le principal marché. En fait, si on se rappelle bien, les cartes et guides Michelin, tant Verts que Rouges (ces derniers consacrés à la restauration et à l'hébergement), ont d'abord été conçus pour aider les premiers automobilistes à se dépanner lors de leurs randonnées... et à penser à utiliser les produits Michelin en cas de besoin. Comme on voit, les bonnes idées de marketing ne sont pas nées d'hier.

Que Michelin ait décidé de consacrer un des guides Verts au Québec constitue plus qu'une bonne nouvelle. Surtout quand on connaît la prudence, la réserve sinon le conservatisme de cette entreprise. Voici une dizaine d'années, on se souvient que Michelin a publié un guide Vert du Canada, qui laissait une place mesurée aux lieux et attraits québécois, suivi peu après d'un autre guide afférant, celui-là, à la Nouvelle-Angleterre. Que le Québec ait maintenant le sien en propre signifie qu'il représente une destination suffisamment intéressante pour justifier les investissements précités.

Le *Michelin du Québec* sera probablement le guide francophone sur le Québec qui sera le plus lu au cours des prochaines années. Nombre de gens l'achèteront à cause de la réputation de la maison. Et ils n'auront pas tort: en raison de la qualité de sa documentation et de sa présentation, ce Michelin est certainement l'un des meilleurs guides qui y a été consacré.

Sa lecture livre un contenu et une présentation conformes à l'image de la collection: mise en pages soignée, papier résistant et de qualité, impression nette et sans bavures, recherche et documentation exhaustives livrées de façon concise et agréable, iconographie et cartographie remarquables. On y retrouvera également des têtes de chapitres analogues aux autres guides présentant les grands traits géographiques, historiques, culturels, économiques et sociaux du Québec, les « villes et curiosités » (par ordre alphabétique) et une liste élaborée de renseignements utiles.

Fidèle à l'approche Michelin, ce guide de 284 pages (276 dans l'édition anglaise) évalue un certain nombre de sites et attraits à l'aide d'étoiles : 123 ont reçu une ou deux étoiles (* intéressant, ** mérite un détour) et 18 trois étoiles (*** vaut le voyage). En ce dernier cas, il s'agit du fjord du Saguenay, de la côte de Charlevoix, de la péninsule de Gaspé, de Percé, de la côte aux environs de Percé et de la vue du mont Sainte-Anne en Gaspésie, du Musée des civilisations à Hull, de la vue de l'île de Grande-Entrée aux Îles-de-la-Madeleine, de Montréal, du Vieux-Montréal, de la basilique Notre-Dame, de la vue du belvédère du chalet du mont Royal, du quartier du Parc olympique et de la vue panoramique de la tour du Parc olympique, de la ville de Québec, de la Basse et de la Haute-Ville de Québec ainsi que de la vue de la terrasse Dufferin.

Ce guide est de conception française. Ses premiers lecteurs et utilisateurs seront des Français et des Européens. On pourrait, bien sûr, chipoter sur quelques détails ou relever certaines incongruités et erreurs. Pour ma part, j'aurais aimé que le Saint-Laurent entre Québec et le lac Saint-Pierre (intitulé vallée du Saint-Laurent) mérite au moins une étoile, qu'on parle de la vue unique de Saint-Basile-de-Tableau sur le Saguenay, qu'on précise (dans les explications géologiques) que les Montérégiennes sont des monadnocks. Aussi, j'ai été étonné qu'on présente (page 180) La Tribune comme un quotidien de Québec; j'ai apprécié qu'on parle de magasinage et non de shopping et regretté qu'on désigne Sainte-Adèle (localité que j'affectionne et qui a, au demeurant, mérité une étoile) comme une bourgade.

L'image du Québec comme destination touristique est à la hausse, du moins dans le monde francophone. Depuis quelques années, toutes les collections d'envergure (Hachette, Gallimard, etc.) lui ont réservé un de leurs titres. En 1992, le magazine

GÉO faisait du Saint-Laurent la pièce maîtresse de son numéro d'avril. Il y a là, espérons-le, une occasion que le ministère du Tourisme du Québec et autres forces vives de ce milieu sauront faire vivre et fructifier.

Il y a là aussi une interrogation qui demanderait réponse : pourquoi les maisons anglophones, tant des États-Unis (dont nous chérissons tant la clientèle) que d'ailleurs, ne consacrent-elles pas des guides au Québec ? N'y aurait-il pas lieu, à cet effet, d'encourager certaines initiatives ?

❏

Récits de voyages et de l'humanité

Les récits de voyages sont aussi vieux que la littérature. Les tribulations d'Ulysse en disent long là-dessus. La découverte des autres hommes en d'autres univers que le quotidien a toujours fasciné les écrivains qui ont vu là un moyen privilégié de développer leur art tout en approfondissant leurs connaissances de leurs semblables.

Flaubert qui, volontairement vécut si longtemps reclus dans sa maison de Normandie et n'en sortit que pour de rares voyages à Paris, avait pourtant abondamment voyagé, jeune homme. Ses *Voyages* en plusieurs tomes, réédités en 1948 par la Société des Belles-Lettres aux Presses universitaires de France (il doit bien en exister un exemplaire ou deux à la Bibliothèque nationale), font partie de ses premières œuvres et contiennent des passages que les touristes d'aujourd'hui — et certains gouvernements — auraient intérêt à méditer. En voici un exemple (datant de 1840 !) : « Il ne faut point juger les mœurs de la Corse avec nos petites idées européennes. »

Les plus brillants auteurs de récits de voyages, je le répète, furent et sont sans nul doute des Anglo-Saxons. Peut-être est-ce dû à cette immense liberté capable de s'emparer du placide tempérament britannique et de mener une personne apparemment sensée à s'engager dans un voyage où l'absurde côtoie allègrement d'incroyables misères et difficultés. La grandeur, géographique et politique, du *British Empire* est tout autant redevable, *we should remember it*, des insatiables curiosité et volonté de dépassement de ce peuple que du savoir-faire de ses marchands et soldats. Qui plus est, quand ils se mettent à relater leurs pérégrinations, ces gens-là le font avec un art de la distanciation à faire rougir Bertolt Brecht lui-même, avec un humour, une désinvolture et une culture qui frisent l'indécence.

Eric Newby, grand voyageur, écrivain émérite, humoriste impénitent et anglais de surcroît, a publié en 1958 *A Short Walk in the Hindu Kuch* qu'en 1989 les Éditions Payot, dans leur collection « Voyageurs », ont repris et traduit sous le titre d'*Un petit tour dans l'Hindou Kouch*. Très *tongue-in-the-cheek*. Tout à fait extraordinaire, courageux, délirant. Et humain. L'esprit et l'essence du livre sont dans la litote de ce titre, *Un petit tour*, alors qu'il s'agit d'une expédition de plusieurs centaines de kilomètres — à pied la plupart du temps — menée, en 1956, dans les hautes montagnes du Nuristan, l'une des provinces les plus isolées et sauvages de l'Afghanistan, pays qui encore aujourd'hui, semble-t-il, n'a pas fait vraiment son entrée dans le XXᵉ siècle.

C'est le récit d'un voyage insensé, fait contre toutes les lois de la logique par deux hommes qui ne connaissaient rien à l'alpinisme ni aux mœurs ni aux langues locales. Le récit d'une démesure, d'un abandon tranquille et total aux caprices de l'aventure, d'une aventure vécue tambour battant, parmi les dangers, dans le froid et le vent, sous le soleil brûlant, avec en prime la fatigue, le manque de sommeil et une dysenterie persistante. Un récit porté par un humour décapant, qui rend le genre humain, après tout, si intéressant. Evelyn Waugh, qui s'y connaissait en humour, a dit de ce livre :

Depuis plus de deux cents ans, les Anglais ont parcouru le monde, partout suspects d'être des agents de leur gouvernement, pour le plus grand embarras de nos dirigeants. Ils se sont à moitié tués (et de tout leur cœur) pour quitter leur pays, M. Newby est le dernier en date de cette tradition fantaisiste, que j'espère voir se pour-suivre.

Patrick Leigh Fermor fait plus excentrique encore... si cela est possible. Voyez: né en 1915, il a traversé le Bosphore à la nage à plus de soixante-dix ans, quitté père, mère et terre natale à dix-huit pour parcourir l'Europe à pied en tous sens, trouvé une seconde patrie en Grèce où il est devenu berger, ardent résistant contre l'envahisseur allemand et gloire nationale, parti en errance à nouveau, écrit des livres et appris des tas de langues comme tout un chacun apprend à faire son marché.

C'est aussi un homme patient. *Courrier des Andes*, sous-titré *Chronique nostalgique du pays inca*, paru chez Phébus est la traduction de *Three Letters from the Andes*, récit publié à Londres en 1991 qui raconte avec une acuité indélébile un voyage fait... en 1971. Sans perdre ni sa pertinence ni son ac-tualité. Sur la jaquette, l'éditeur a cité un extrait du *Times*: «Leigh Fermor révèle ici, à la moindre rencontre, un don d'étonnement, une prédisposition au bonheur miraculeusement intacts...», en rajoutant: «Rarement un écrivain aura élevé à ce degré les vertus mêlées de l'enthousiasme et de la culture, avec cette légèreté, cette netteté de trait, ce sens inné des fuyants plaisirs de l'instant — si délicieusement contagieux.»

Je vous en livre quelques phrases narrant l'arrivée à Cuzco:

Partout y resplendit la dorure, c'est bourré d'instruments de mortification et de reliques de martyrs, peuplé de Vierges vêtues de robes noires brodées au fil d'or et constellées à la Marie Stuart. Partout des épées transper-cent des cœurs ensanglantés. Des Indiennes ôtent leur chapeau melon pour s'agenouiller, quasiment en extase, dans la scintillante pénombre. Partout ce n'est que *san-gre y oro*. Au retour, nous nous affalons sur nos lits, frappés de léthargie.

Ne croyez pas les mauvaises langues qui soutiennent que le récit de voyages est un genre facile. Ni que le métier de voya-geur est de tout repos. À vrai dire, il faut dans les deux cas —

car le premier ne va pas sans le second — de la témérité et de la prudence, de la volonté et de l'abandon. Il faut de l'endurance, une très bonne capacité de récupérer, une forte constitution. Une bonne santé, quoi. Il faut surtout, comme le soulignait avec justesse le *Times*, cette rare faculté qui est celle de l'émerveillement. Rare, car elle exige l'humilité.

Ne croyez pas ceux et celles qui se disent blasés — ils en ont vu tellement!... — et qui racontent leurs voyages: ils vous content plutôt des histoires. Ne croyez pas ceux et celles qui se disent difficiles, toujours prêts à critiquer (dans le sens de rabaisser) tout et n'importe quoi: le plus beau voyage est toujours celui qui vient.

En fait, le récit de voyages n'obéit qu'à un seul impératif, celui de l'enthousiasme.

❏

Le plaisir de lire
ce qui fait voyager les voyageurs

Pourquoi les gens voyagent-ils?

Une des bonnes façons de le savoir est de lire leurs écrits. À cet effet, la lecture des cartes postales est révélatrice. Dans ce cas toutefois, le plaisir de lire est un peu court.

Renouons-en plutôt avec des auteurs qui furent aussi des voyageurs, pour qui le voyage a été un outil privilégié pour s'éveiller au monde et sûrement se révéler à eux-mêmes.

Prenons cette page tirée du *Journal de voyage* de Montaigne, tel que narré par son secrétaire:

Le plaisir que Monsieur de Montaigne prenait à visiter les pays inconnus, lequel il trouvait si doux que d'en oublier la faiblesse de son âge et de sa santé, il ne le pouvait imprimer à nul de sa troupe, chacun ne demandant que la retraite. Là où il avait accoutumé de dire qu'après avoir passé une nuit inquiète, quand au matin il venait à se souvenir qu'il avait à voir ou une ville ou une nouvelle contrée, il se levait avec désir et allégresse. Je ne le vis jamais moins las ni moins se plaignant de ses douleurs, ayant l'esprit, et par chemin et en logis, si tendu à ce qu'il rencontrait et recherchant toutes occasions d'entretenir les étrangers, que je crois que cela amusait son mal.

C'était à une autre époque, quand le voyage «pour le plaisir» n'était pas accessible à tous, quand les voyageurs fréquentaient davantage l'aventure qu'aujourd'hui. Il ne faut pas oublier qu'à peine quelques siècles auparavant de très nombreux chrétiens, nobles ou gens ordinaires, partirent pour de longs voyages — dont la plupart ne revinrent jamais. Des voyages sacrés, à l'incitation du pape Urbain II qui leur avait tracé la voie au concile de Clermont, le 18 novembre 1095, en lançant la première croisade :

> Jérusalem est le nombril du monde, terre plus qu'aucune faconde, pareille à un nouveau paradis. C'est la terre que le Rédempteur du genre humain a illuminée par sa venue, embellie par sa vie, consacrée par sa Passion, rachetée par sa mort et marquée de son sceau par sa mise en terre. Cette royale cité, sise au milieu du monde, est aujourd'hui captive de ses ennemis et transformée par ceux qui connaissent point Dieu en servante des cérémonies païennes. Elle attend et espère sa liberté, elle vous implore sans cesse de lui venir en aide. C'est vers vous tout particulièrement qu'elle se tourne parce que Dieu vous a accordé, plus qu'à toute autre nation, la gloire des armes. Entreprenez ce voyage, par conséquent, pour la rémission de vos péchés, avec l'assurance d'une gloire éternelle au royaume des cieux.

Le voyage se nourrit de désirs plus «humains», nous le savons tous. Alexandre Dumas père a traduit cette fascination de l'ailleurs dans *De Paris à Cadix* :

Il y avait, au reste, à peu près six mois que cette idée d'un voyage en Espagne avait déjà comme un rêve illuminé une de nos soirées. […] Sur cet espace compris au bout de mon jardin, entre mon cabinet de travail d'été et la maison d'hiver de mes singes, nous avions laissé d'abord notre regard se perdre sur cet immense horizon qui embrasse, depuis Luciennes jusqu'à Montmorency, six lieues du plus charmant pays qui soit au monde; et, comme il est du caractère de l'homme de désirer juste le contraire de ce qu'il a, nous nous étions mis, au lieu de cette fraîche vallée, de ce fleuve coulant à plein bords, de ces coteaux boisés d'arbres aux feuilles vertes et ombreuses, à désirer l'Espagne avec ses sierras rocheuses, avec ses rivières sans eau et avec ses plaines sablonneuses et arides.

C'était presque, n'est-ce pas, une réponse à Baudelaire et à son *Invitation au voyage* :

Mon enfant, ma sœur
Songe à la douceur
D'aller là-bas vivre ensemble !
Aimer à loisir
Aimer et mourir
Au pays qui te ressemble !
Les soleils mouillés
De ces ciels brouillés
Pour mon esprit ont les charmes
Si mystérieux
De tes traîtres yeux.
Brillant à travers leurs larmes.
Là, tout n'est qu'ordre et beauté
Luxe, calme et volupté.

Quels que soient leurs lieux, réels ou imaginaires, les voyages sont sources d'évasion, de ressourcement et d'inspiration. Dans son introduction aux *Voyages* de Flaubert, René Dumesnil écrit :

Du Camp rapporte que, remontant le Nil, Flaubert s'écria devant la deuxième cataracte : « J'ai trouvé ! Je l'appellerai Emma Bovary ! » Car, au milieu des ruines antiques et des paysages qu'il avait tant souhaité contempler, il pensait encore à sa tâche abandonnée ; devant les sites africains, il rêvait à la Normandie, mais par un phénomène singulier, ajoute Du Camp, les impressions de ce voyage qu'il semblait dédaigner tandis qu'il l'accomplissait, lui revinrent toutes à la fois, et avec vigueur, lorqu'il écrivit *Salammbô*. Il était ainsi pareil à Balzac qui semblait toujours ne rien voir et qui se souvenait de tout jusque dans le moindre détail.

L'homme est nomade, disait Brel : c'est par accident qu'il se sédentarise. Notre société, qui fut d'abord et longtemps terrienne, s'en souvient. Relisez *Le Survenant* de Germaine Guèvremont :

Didace ne cherchait plus à s'éloigner de la maison. Tous les soirs, depuis l'arrivée de Venant, la cuisine s'emplissait. De l'un à l'autre ils finirent par y former une jolie assemblée. Ce fut d'abord Jacob Salvail qui entra en passant, avec sa fille Bernadette. Puis vinrent les trois fils à De-Froi. Bientôt on vit arriver la maîtresse d'école Rose-de-Lima Bibeau entraînant à sa suite deux des quatre demoiselles Provençal. Et tous les autres du voisinage firent en sorte d'y aller à leur tour. Curieux d'entendre ce que le Survenant pouvait raconter du vaste monde, les gens du Chenal accouraient chez les Beauchemin. Pour eux, sauf quelques navigateurs, le pays tenait tout entier entre Sorel, les deux villages du nord, Yamachiche et Maskinongé, puis le lac Saint-Pierre et la baie de Lavallière et Yamaska, à la limite de leurs terres.

Êtes-vous, vous aussi, curieux d'entendre ce que peut raconter le vaste monde, directement ou par lecture interposée ?

❏

Lire en voyageant et vice versa

J'aime lire et voyager. Si possible, les deux à la fois. Ou précéder l'un de l'autre, et vice versa.

Le plaisir de l'un et l'autre est encore plus vif si la lecture peut porter sur la destination fréquentée. Nombre d'auteurs accordent une telle importance aux lieux dans leurs œuvres de fiction qu'ils en deviennent des personnages. Et, au-delà des distances et parfois des époques, découvrir des espaces par les yeux, la sensibilité et l'art d'écrivains donne au voyageur d'autres clefs de lecture des paysages et des gens : plus rien n'est pareil...

Après des décennies, une révolution et presque un siècle de mainmise idéologique, après des années-lumière de transformation sociale et technologique, *La Steppe* de Tchekhov vit toujours : dans leurs racines intimes, le paysage russe, l'âme russe ont perduré. L'impression et l'expression de Tchekhov sont toujours aussi vives, aussi justes.

Et que serait *Le Monde selon Garp* sans Vienne ? Sans la pension Grillparzer, les strasses, le parc, le tram ? Et Vienne elle-même, pour les lecteurs de Garp, se transforme, prend des dimensions insoupçonnées sous la conduite toute subjective de John Irving, auteur tout à fait américain dans ses conceptions littéraires et si européen dans ses intuitions.

J'ai dû lire cinq fois plutôt qu'une les livres de Raymond Chandler, ci-devant auteur de romans policiers né à Chicago, élevé en Angleterre, ayant vécu et écrit aux États-Unis, dans le sud de la Californie plus précisément ; ci-devant auteur américain qui se sentait étranger chez lui tellement était forte sa mémoire anglaise ; ci-devant auteur d'œuvres d'un genre qualifié de mineur, qui en souffrit toute sa vie, lui si épris de style et de vie qu'il porta cette littérature policière au rang de littérature tout court.

Son personnage le plus célèbre fut Philip Marlowe devenu l'archétype du privé, auquel d'ailleurs Hollywood surperposa les traits d'Humphrey Bogart, l'un de ses monstres les plus sacrés. Un autre personnage, moins connu mais tout aussi présent, s'appelait Bay City, autrement dit l'un des nombreux

satellites en bord de mer qui fabriquent cette ville mouvante ten-
taculaire, paradoxalement opulente et misérable, chaude et
douce comme le climat californien, dure et froide comme la
mort, traître comme la violence. Ville éclatée, riche et pourrie
sous son assurance, qui aurait pu, voici cinquante ans comme au
printemps dernier, tourner au chaos le plus absolu.

Bay City/Los Angeles, ville dangereuse dans ses illusions,
mais qui était la ville de Marlowe, donc la plus belle parce que
sienne. Relisons *Bay City Blues*, nouvelle parue dans «Black
Mask» et rééditée en français chez Gallimard («Carré noir»):

> La route montait, descendait, se dévidait au flanc des
> collines, entre l'éparpillement de lumières étagées au
> nord-ouest et étalées en tapis au sud. De ce point les
> trois jetées paraissaient très éloignées, comme de minces
> crayons lumineux posés sur un coussin de velours noir.
> Des nappes de brouilllard flottaient au fond des canyons
> avec une odeur pénétrante de végétation, laissant les
> parties hautes dégagées. [...] Une sirène s'éleva au loin,
> sur Arguello Boulevard. Sa plainte nous parvenait,
> étouffée, par les fenêtres closes, comme le hurlement
> d'un coyote dans les collines.

Le gros crochet de Cape Cod et Provincetown, son leurre ruti-
lant, attirent leurs bancs de vacanciers chaque été. Dans son style
bien à lui, incisif, brouillon, brillant et, pour tout dire, dérangeant,
Norman Mailer y a campé l'un de ses derniers romans, *Tough
Guys Don't Dance* (*Les vrais durs ne dansent pas*, Robert
Laffont). Foin! des descriptions et visions touristiques: il a con-
cocté une histoire corrosive, aux odeurs de pétrole sur le sable,
mêlant bourbon et mari, belle blonde assassinée, ex-boxeurs,
maniaques sexuels, questions sur la vie et la mort, les relations
père-fils, l'amour et les faux-semblants. Avec l'hiver qui souffle
sur les dunes et la mer qui n'attend pas que les baigneurs...

En voici quelques extraits:

> On ne pouvait d'ailleurs pas venir s'installer à Provin-
> cetown quand on était snob et qu'on se proposait de

faire son chemin dans la société. [...] La ville était autrefois, voilà cent cinquante ans, un port baleinier. Les capitaines yankees du Cape Cod fondèrent l'entreprise et amenèrent des Portugais des Açores pour servir sur les baleinières. [...] De nos jours, la moitié des Portugais ont des noms yankees comme Cook et Snow et, quel que soit leur nom, possèdent la ville. [...] Si l'on veut voir des gens friqués, il faut attendre l'été et les petites coteries de psychanalystes et de riches amateurs d'art qui s'amènent de New York, flanquées de tout un échantillonnage de la société homosexuelle, additionné des représentants de la brigade des stup et des trafiquants de drogue. [...] sans compter les dizaines de milliers de touristes qui viennent chaque jour de tous les États de l'Union se rendre compte, quelques heures durant, de ce à quoi peut bien ressembler Provincetown, tout simplement parce qu'elle est là — à l'extrémité de la carte. Les gens ont toujours eu un tropisme pour le finistère.

Et encore :

C'était [...] un sale type, et pourtant d'un bout de l'hiver à l'autre, tous les hivers, c'était l'un des vingt amis que je comptais en ville. En hiver, [...] un ami, c'est quelqu'un avec qui passer une heure contre le grand bonhomme de glace venu du nord. Dans le silence de nos hivers, les vagues connaissances, les ivrognes, les épaves, les emmerdeurs pouvaient s'élever à la dignité d'amis.

Dans un tout autre registre, c'est-à-dire élégant, désinvolte et tragique, le tandem de Carlo Fruttero et Franco Lucentini, dit Fruttero et Lucentini, dit F & L, a situé à Venise le cadre de *L'Amante senza fissa dimora* (*L'Amant sans domicile fixe*, Le Seuil). Choix résolument volontaire et non laissé au hasard. Une riche Romaine, princesse de surcroît, femme belle et accomplie, spécialisée dans le négoce des œuvres d'art, « sorte d'antiquaire volante », rencontre l'amour, la passion. C'est un homme sans âge, charmant et charmeur, polyglotte, cultivé, raffiné, apparemment sans le sou et sans attaches, pour l'instant guide touristique.

« Ah... fit Mr. Sylvera », tout à la fois étonné, ironique et fataliste est le leitmotiv de ce roman qui va et vient dans le plus vieux ghetto du monde, dans le labyrinthe des ruelles d'une Venise enveloppée de ses brumes d'hiver. « Ah... fit Mr. Sylvera », expression riche et succincte de ces amours exceptionnelles et impossibles, du destin de cet homme, juif et mythique, condamné à errer à travers les siècles, du destin aussi de cette ville qui s'enfonce dans les eaux de la lagune, inexorablement, millimètre par millimètre, sous le poids de ses pierres, de ses palais... et sûrement de son orgueil.

> Je vis David sur le pont du Rialto, un valet de cœur dans son tricorne, qui se frayait un chemin (mais sans toucher personne) entre les squelettes, les arlequins, les singes, les pachas, les colombines. Où allait-il ? Comment s'y trouvait-il dans le dix-huitième siècle ? [...]
> Chemin faisant, j'avais découvert une Venise bien évidente et, pourtant, à moi — entièrement inconnue. Une Venise aux multiples anfranctuosités, petites arcades, recoins obscurs, minuscules campielli déserts, calli presque secrètes, desquels il aurait été criminel de ne pas profiter, à mesure que nous avancions, pour étreindre passionnément Mr. Sylvera. Ces lieux isolés étaient là tout exprès, comprenais-je enfin. Et je m'expliquais la réputation que s'était faite Venise, au cours des siècles, d'être une cité propre aux amours dans les lieux publics.

Lire et voyager, lequel est la boussole de l'autre ?

❑

Partir sur des phrases

Tout homme est de chez lui, là où sont ses racines, sa mémoire, ses gènes, ses miroirs. Il est aussi d'ailleurs, là où le portent son imaginaire et ses tentations à rompre avec le quotidien, là où peuvent le conduire les voyages.

Que disait Lawrence Durrell déjà ?

Comme le génie, les voyages sont un don des dieux. Mille circonstances diverses les préparent en secret, et quoi que l'on pense, il est rare qu'ils soient entièrement le fait de notre volonté. Ils surgissent spontanément des plus profondes exigences de notre nature — et les plus profitables ne nous conduisent pas seulement à découvrir de nouveaux lieux, mais aussi de nouvelles richesses intérieures. Le voyage peut être une des formes les plus bénéfiques de l'introspection...

De 1953 à 1956, il eut — amplement — l'occasion de réfléchir sur lui-même alors qu'il fut, dans la trajectoire de sa carrière diplomatique, responsable des relations publiques du gouvernement anglais à Chypre. À se déplacer dans les multiples recoins de cette grande île héritière des millénaires grecs et de l'empire ottoman, il voyagea dans le temps et la géographie, d'une culture à l'autre, d'une incompréhension à l'autre, d'une haine à l'autre.

Il en a ramené un récit, *Bitter Lemons* (paru en français chez Buchet-Chatel en 1961 sous le titre *Citrons acides* et publié depuis dans le Livre de Poche), qui aurait pu avoir été écrit hier, à Chypre mais aussi au Liban, en Israël, au Kurdistan, dans le Caucase, dans les Balkans, partout en fait où des voisinages obligés depuis des générations font bouillir à feu doux ou violent des marmites qui ne demandent qu'à exploser. Un récit qui est autant un récit de séjour que le journal intime d'un fonctionnaire tenant une plume d'écrivain.

Le lieu ici est Chypre, dont l'occupation humaine remonte au néolithique, à 3 700 ans avant Jésus-Christ. Chypre dont un administrateur britannique, W. Hepworth Dixon, avait souligné en 1887 que toutes les conquêtes — de l'Orient par Alexandre, Auguste, saint Louis, et de l'Occident par Sargon, Ptolémée, Cyrus, Haroun el-Rachid — en étaient parties. Né de parents irlandais dans l'Himālaya en 1912, citoyen du British Empire et du monde, parlant couramment plusieurs langues dont le grec, Lawrence Durrell, mémorable auteur du *Quatuor d'Alexandrie*, met en ce livre tout son art à observer l'île, tangible, magnifique et douloureuse, à la narrer au fil de nos yeux. Et à voir longtemps d'avance:

Dans une île de citrons amers
Où les fièvres froides de la lune
Travaillent les sombres globes des fruits
Et l'herbe rêche sous les pieds
Torture la mémoire et ravive
Des habitudes que l'on croyait mortes à jamais,
Mieux vaut faire silence, et taire
La beauté, l'ombre, la violence.

Une autre île, en Amérique celle-là, marque le début d'un nouveau monde. Key West qu'elle s'appelle, au bout complètement d'un archipel en hameçon, les Keys, à l'extrémité sud de la Floride, contrée désirable et tant désirée des Québécois, mais aussi de toutes les populations antillaises et latino-américaines qui rêvent de s'ancrer un jour sur cette terre de richesses, de promesses.

À Key West, entre le golfe du Mexique et l'Atlantique, la grande île de Cuba et la myriade des Bahamas, au cœur de cette fournaise où montent à ébullition les ouragans et tornades qui vont à l'assaut de la côte continentale, où se mêlent Noirs, mulâtres, homosexuels, anciens du Viêt-nam, commerçants, trafiquants, touristes, pêcheurs en haute mer et personnes sans âge ni passé, commence sous le soleil exactement comme dirait Gainsbourg la US 1 qui ira jusqu'au Maine, à la frontière des eaux fraîches du Nouveau-Brunswick.

À Key West, une borne routière indique le *Mile Zero*, devenu en 1989 un roman de Thomas Sanchez et publié chez Laffont l'année suivante, sous le titre *Kilomètre zéro*.

De la nuit naît toute chose. Une étincelle de vie scintille puis rougeoie et grandit au-delà des mers. L'aube s'arrache alors à l'Afrique, répand ses lueurs entre les continents, survole les monts embrumés d'Haïti; elle dépasse le rivage de Grand Bahama, frôle les champs de canne cubains, franchit le tropique du Cancer pour venir baigner l'île encore assoupie de Key West, et, enfin, la côte d'or de Floride et sa grande enceinte résidentielle: ici commence la terre américaine. [...] «Bienvenue au Paradis! Ici Radio KEYW, la radio de l'île des temps modernes. De Key Largo à Dry Tortugas, c'est reparti pour une superbe journée à moisir sous le soleil des Tropiques.»

On connaît Thomas Sanchez, espoir confirmé du roman américain, et ses œuvres précédentes, *Boulevard des trahisons* et surtout *Rabbit Boss*. Cette fois-ci, à sa façon coutumière d'associer lyrisme et réalisme et avec une affection quelque peu désenchantée du genre humain, il a mitonné une œuvre forte, oppressante, sensuelle. Et livré un portrait étonnant d'une Floride inconnue. L'air est lourd et on ne sait quand éclatera le ciel et se déchaînera la mer: ainsi s'ouvrent les premières pages. Un bateau de réfugiés haïtiens s'échoue sur la rive alors que se tue à quelques encablures de là le meneur d'une course de hors-bord. Un mystérieux assassin frappe en laissant des messages vaudous. Des personnages riches d'ambiguïté et de pulsions, Bubba-Bob, redoutable pêcheur de requins, St. Cloud, qui vide ses angoisses dans l'alcool et les bras des femmes, Evelyn, sa femme devenue lesbienne, Space Cadet, hippie à vélo attardé dans le brouillard des *speeds* et d'une guerre mal oubliée, Justo, policier d'origine afro-cubaine qui trouve sa sagesse et ses ressources dans la mémoire de ses ancêtres et sa vie familiale. Monde trouble qu'habitent deux autres personnages, la Floride des Keys et la pas si lointaine guerre du Viêt-nam.

Key West est port de pêche et de plaisance. Blaise Cendrars a plutôt fréquenté les grands ports marchands, Venise, Bordeaux, Naples, Gênes, Rotterdam, Hambourg et même Paris, «port de mer»... Dans *Bourlinguer* (Denoël, 1948, et réédité par la suite dans le Livre de Poche), il a vu et décrit ces univers durs et pourtant tendres, passagers et indélébiles. Ces univers de marins qui jetaient leurs baluchons sur des lits de fortune en des chambres incertaines, vivant des amours éphémères et renouvelées sur la couche de prostituées toujours pareilles, toujours différentes, qui écoutaient leurs confidences et ouvraient des fenêtres dans leur grisaille.

Les filles de la maison — il y en avait dix-huit, c'était le chiffre du gros numéro sur la lanterne — faisaient cercle et écoutaient l'intarissable parole de Rij en tricotant placidement. C'était un bon recrutement de femmes à matelots, d'épaisses terriennes, vachères et bonniches. Elles étaient sans malice. On les sortait. On faisait des parties en barque, en amont ou en aval, on déjeunait sur l'herbe, on improvisait des sauteries dans les auberges; les jours de pluie, on les menait l'après-midi au cinéma ou l'on allait boire dans les autres estaminets du port, et le soir on les ramenait à leur taule. [...]
Elle s'appelait Ledje.
Vouloir faire l'amour avec Ledje, c'était faire une partie avec un chien courant. Quel joyeux petit animal! Cela commençait par des courses, des jappements, des ébats, des coups de patte, des morsures, des rires, une lutte à perdre haleine. [...]
Quand je lui demandais:
— Dis-moi, Ledje, tu ne te dépenses pas ainsi avec n'importe qui, hein?
Elle répondait:
— Penses-tu! Tu n'es pas le premier venu. Je te déteste, toi. Je n'aime que les saligauds. C'est pourquoi je me suis faite putain. Ah! les hommes!...

Suivre Cendrars, c'est plus que remonter le temps. Les ports, les marins, les putains ont changé. Mais, au total, rien n'a changé. Ni les rêves des uns, ni le désespoir des autres. Ni l'univers des quais, des docks, des navires en partance, des gens qu'on laisse derrière, des gens qu'on connaîtra demain. Suivre

Cendrars, c'est partir sur des phrases télescopées comme dans un constat clinique ou longues et interminables à faire jaunir Proust. Suivre Cendrars, poète forcené de l'ailleurs qui allie le réalisme le plus cru au traitement romantique le plus échevelé, c'est partir pour tous ces ports et les chevaliers Rose-Croix, les chansons d'enfants, les contes de Kipling, les rites des campagnes italiennes, les enseignements de vieilles crapules philosophes, les lectures allégoriques d'*Alice in Wonderland*, les errances d'aristocrates brésiliens. Bourlinguer avec lui, au-delà des espaces et des lieux, c'est refuser la misère humaine et dénoncer toutes les guerres.

Tous ces livres parlent de mer. *L'Espagnol* de Bernard Clavel (Laffont, 1959, et J'ai Lu) n'en dit rien, si ce n'est que la mouvance des épis sur les coteaux du Jura puisse y évoquer les flots de la mer, d'une mer trop lointaine pour être connue ni même désirée. Nous sommes dans le même coin de pays de *Celui qui voulait voir la mer*, à qui les heures et les revenus du travail d'apprenti interdisaient de s'y rendre.

Une histoire simple. Comme peut l'être en apparence une vie humaine. Un réfugié espagnol, plein des douleurs de la guerre civile, arrive dans un village du Jura. Il devient garçon de ferme: le fils mobilisé, le patron mort, la femme compte sur ses initiatives et sa capacité de travail. La guerre qui fait rage tout autour ne le concerne plus: seule la paix l'intéresse. Le monde se résume aux lopins à cultiver, aux bêtes à soigner, au bois à ramasser, aux jours qui passent. Un monde circonscrit à quelques hameaux, des sentes, des vallons et des versants sous le soleil. Un monde si local qu'il en devient universel.

Mais, réflexion faite, la mer y a aussi sa place:

Toute la vigne dorée luisait. Tout remuait. Les feuilles se redressaient dans une pluie de gouttes de soleil. Et, comme ça, jusqu'au chemin où la Noire faisait une tache, et plus loin encore, plus bas, avec d'autres vignes, des haies vertes, quelques arbres. Ensuite, tout au bout du coteau, c'était une mer de brume blanche avec des remous bleutés et de longues venelles grises. Et de l'autre côté, prenant appui sur ce moutonnement compact, le soleil montait. Il était à la limite entre la brume et le ciel. Un ciel encore pâle mais déjà bleu, et qui se débarrassait de quelques restants de nuages transparents.

Lire et voyager, c'est comme le sang et l'oxygène...

❏

L'espace québécois, entre le réel et l'imaginé

L'homme est ancré dans le pays, et le pays dans l'homme. L'un et l'autre sont leurs réciproques références. Toute la littérature universelle le dit. Et celle du Québec aussi.

Les classiques d'abord. *Le Survenant* qui arrive de nulle part et de partout, secret et évasif. « Ah ! *never magne !...* » Mais aussi la tête et la langue pleines d'images et de souvenirs d'ailleurs. À l'écouter aux veillées, le pays, l'univers ne se résument plus à quelques paroisses sur le bord du lac Saint-Pierre, autour de Sainte-Anne-de-Sorel et du Chenal du Moine. Le Survenant, un gars d'ici, sans autre nom, que le père Didace aimerait bien reconnaître pour son fils, qu'Angélina Desmarais voudrait aimer sans obstacles, qu'Odilon Provençal et son père souhaitent voir partir pour de bon. Le Survenant, « grand dieu des routes » pour un monde trop clos.

Pour Alexis Labranche, les Pays-d'en-Haut n'ont pas raconté de Belles histoires. Fils de cultivateur, de colon plutôt, il préférait le bois, la nature, le lac Manitou avec son ami Bill Wabo. Une certaine délinquance. Homme au grand cœur, entier, d'un seul morceau. D'un seul amour, Donalda, la belle Donalda, que son père mariera à l'avare. L'amour lui étant refusé, il refusera le pays, partira pour le Colorado et le mirage de l'or pour revenir Jos Branch. Mais pas guéri, toujours homme de bois, d'un seul tenant, d'un seul amour. Toujours délinquant.

Dans *Kamouraska*, l'hiver sifflera, isolera encore davantage Élisabeth d'Aulnières et George Nelson, ces deux bourgeois perdus, avec leur amour, leur passion, leur destin, en ce monde rural où ils ne se reconnaissent pas. La neige tombera, drue, épaisse, insensible. Muette. Dans Kamouraska, en ce pays, en cette société, cet amour coupable était contre-nature. Inacceptable, insoutenable, il devait périr. Climat, espace, hommes et pays l'ont récusé. Devant le Saint-Laurent imperturbable.

Le juge Basile Routhier, poète à ses heures et auteur de chroniques de voyages, le mettra dans l'hymne national, dès le deuxième couplet, ce «fleuve géant», père et âme du pays. Et voici ce qu'écrivait, dans une *Première lettre sur le Canada*, le 1er octobre 1864, son contemporain, Arthur Buies, voyageur, chroniqueur, pamphlétaire, adepte convaincu de la pensée libérale, républicaine et laïque de la mi-XIXe siècle, qui avait refusé, selon Sylvain Simard, «dès son plus jeune âge de se plier aux exigences d'une éducation bigote et formaliste»:

> Ici, tout est neuf; la nature a une puissance d'originalité que la main de l'homme ne saurait détruire. Que l'on se figure ce qu'il y a de plus grand et de plus majestueux! [...]; un fleuve profond, roulant des eaux sombres, comme si la nature sauvage et farouche qui l'entoure lui prêtait sa tristesse et ses teintes lugubres. [...] On croit voir des horizons toujours renouvelés se multiplier à l'infini dans le lointain; et l'œil habitué à sonder toutes ces profondeurs, s'arrête comme effrayé de voir l'immensité de la sphère céleste se refléter dans ce coin du firmament qui éclaire la ville de Québec.

Tout à la fois allégorique et réaliste, Félix-Antoine Savard, homme de Dieu, homme de terre, homme de race, l'a identifié à l'espace global, ce fleuve. Un genre d'alpha et d'oméga, de source et de lieu ultime:

> Saint-Basque était dans le pays de Tadoussac un vallon qui s'étendait depuis le fleuve jusqu'à la route côtière. Il contenait une vingtaine de maisons, une chapelle où la

messe se disait tous les mois, une rivière, des champs, des buttes; et la forêt le comprimait comme son fief, sévèrement, de toutes parts. Le fleuve coulait à l'est derrière des mornes et des bois; mais, par quelque effluve: arômes ou rumeurs, il ne laissait pas d'être toujours présent au cœur de Saint-Basque; et de tourmenter les hommes, au point qu'en certaines saisons, leurs idées se changeaient étrangement en barques, gibiers ou simple ennui, selon les humeurs marines de chacun.

Le Saint-Laurent sera le refuge de Nazaire le déserteur, *L'Emmitouflé* qui refuse et fuit, non par lâcheté mais par affirmation, la mobilisation de 1917 dans les marécages de la large échancrure du lac Saint-Pierre:

> Quand on part de Nicolet pour aller à Sorel ou à Montréal, on emprunte une petite route tortueuse au bord du Saint-Laurent. La route longe le fleuve mais on ne le voit pas. Le chemin a été tracé pour courir d'une maison à l'autre et les maisons ont été construites loin du fleuve pour les mettre à l'abri des terribles inondations du printemps. [...] Si on va jusqu'au bout on arrive à la rivière Saint-François. Et on tourne à droite en longeant cette rivière, c'est tout de suite un autre monde.
> C'est le règne de l'eau. Le village a été bâti de chaque côté de la rivière. On ne voit que des saules, des maisons en planches sans peinture et des quais de bois amarrés à de longues perches. Des barques aussi, avec de vieilles voiles brunes et des petits mâts trapus. [...] D'un côté la rivière, de l'autre les champs marécageux; on n'est jamais certain qu'il n'y ait pas encore de l'eau derrière les champs.

Un monde inquiétant pour qui ne connaît pas, sécurisant pour qui est familier.

Le Saint-Laurent, patriarche et ossature du pays. Lieu d'identification, de développement et d'organisation. Lieu de départ et de naissance mais aussi refuge contre les autres, l'étranger et le danger. Le Saint-Laurent et sa vallée, « berceau » du Québec ont dit historiens et gens de culture, assimilé au monde rural malgré les villes égrenées jusqu'au golfe, malgré Québec, malgré Montréal.

Malgré Montréal, l'autre pôle de la vie québécoise qui enserre autour de l'archipel construit par les eaux du fleuve et de l'Outaouais près de la moitié de la population et l'essentiel de sa force vive. Montréal, au milieu du fleuve et au cœur de l'archipel. Montréal, archétype du monde urbain d'ici, qui a saigné les campagnes et édifié, en pierres, ciment et asphalte, avec murs et distance entre les êtres, un univers nouveau, à la fois pareil, parallèle et opposé, une société nouvelle, des valeurs nouvelles.

La Main était vide. La duchesse en fut d'abord étonnée puis elle réalisa qu'il était cinq heures du matin. Elle décida de marcher vers le nord, vers la rue Sainte-Catherine avant d'aller se coucher : les hot-dogs refusaient carrément de descendre. Elle vérifia une fois de plus si ses Diovol étaient bien au fond du sac qu'elle portait en bandoulière. Elle trouverait peut-être quelques âmes perdues et désœuvrées entre Dorchester et Sainte-Catherine : l'inévitable Bambi ; Greta-la-jeune, le fils de l'autre ; Rose Latulipe qui se prétendait parente avec Gilles mais que personne ne croyait ; Irma-la-douce, deux cent quarante livres et douce comme un troupeau de tigres en chaleur. Mais il était vraiment trop tard : le maire Drapeau voulait une belle ville propre pendant les Olympiques d'été qui allaient débuter d'un jour à l'autre. Les descentes s'étaient succédées à un rythme ahurissant et la Main, bien sûr, avait été parmi les premières à s'en ressentir.

À la fin de la nuit, quand le jour n'est pas encore vraiment là, la duchesse de Langeais, travesti au sexe incertain, s'en va à sa fin au bout de la main et du couteau de Tooth Pick. Mais elle ne voudra pas s'en aller comme ça :

La duchesse se tenait le ventre à deux mains. « Moé, mourir dans un parking ? Jamais ! J'vas mourir là où j'ai

régné!» Elle aperçut le Monument national et éclata de
rire.

Édouard, dit la duchesse, parti en mai 1947 «à la conquête de
Paris», parti pour la gloire et les désillusions, reviendra sur la rue
Fabre et sur la Main et survivra quarante ans, dans ses misères et
contradictions, au pays du mensonge et, plus encore, du rêve.
Hosanna le dira: «Vous rêviez, vous autres aussi. Pis c'que con-
tait la duchesse était plus beau que c'qu'a'l'aurait pu vivre...»
    Montréal est la rencontre des mondes d'ailleurs et de con-
frontations. Ici, le Québec a une autre texture physique et
humaine. Lieu de transition, de passage entre l'ancien et le moderne, le déjà et le bientôt, le sûr et l'inconnu, il accueille les
espoirs, dérives et songes de tout un chacun, fût-il juif comme
Aaron qui se détachera de son grand-père, fidèle gardien de
l'orthodoxie, et en viendra, dans le terreau de la grande ville, à
affronter cette incarnation de la tradition, à s'en détacher pour
appartenir de plein droit à la civilisation urbaine.
    Voici là où il a grandi:

C'était l'été torride de Montréal. La moite fraîcheur du
soir qui succédait à l'enfer du soleil devenait l'unique et
trompeuse délivrance accordée au peuple des taudis et
des rues étroites. Au long du jour, la cohue des véhicules
s'était disputé la rue. Puis venait le crépuscule et cette
brise pourtant étouffante, depuis longtemps dépouillée
de ses odeurs de sapins et de grande montagne mais, en
retour, pleine des fumées d'usines et des puanteurs de la
grande étuve. Alors les trottoirs se mettaient à grouiller.
Parents, enfants, la multitude des troglodytes cherchant
répit à l'immense poids du jour; ce qui avait été la péta-
rade des villes modernes se muait en un son nouveau,
masse tonitruante, hurlante: sorte de symphonie hys-
térique de rires gras, de cris d'enfants, de klaxons, de
moteurs, de sirènes d'ambulances.

Voyez aussi où se retrouve *Un ambassadeur macoute à
Montréal*, qui débarque «du royaume d'Haïti»:

Un jour comme ça. Rue Sainte-Catherine. Neuf heures du matin. Les magasins sont bourrés de monde. Blancs-manants, blancs-citrons, blancs-coton. Mangeurs aux poitrines bombées de patates frites et de macaroni. Tous les couche-tard de la ville cherchent une rivière pour y jeter leurs péchés. Des colonnes d'agents Pitkerson, postés derrière les tiroirs-caisses des magasins à rayons, empêchant les sans-aveux d'assistés sociaux de voir les liasses de dollars qui sortent des poches de gros bonnets anglais, malades d'indigestion à force d'avoir gobé les barriques de hareng salé des fringants de la paroisse Saint-Michel-Archange. C'était comme hier. Un nuage de fusées atomiques F.L.Q. balaie le ciel de la ville, du nord au sud et de l'est à l'ouest [...]
Alexis Accius, les jambes tremblantes, est planté au coin des rues Metcalfe et Sainte-Catherine. Fourbu. Dépaysé. Il tourne à l'envers dans une ville que les missionnaires blancs, postés dans son bourg depuis des générations, considéraient comme le paradis des Amériques. En l'espace d'une minute, il entend vingt langues différentes. Il voit proliférer comme des champignons des milliers de marques d'automobiles. [...] Alexis Accius est pris de vertige. Au milieu de ses confusions, l'esprit de Mackandal lui souffle de ne pas se déplacer. La ville a besoin d'un témoin aussi nègre que lui.

Avec Montréal, perçu à travers un prisme mi-réel mi-fantastique, l'espace d'ici a dorénavant de nouveaux témoins. Et la référence a changé. Et l'espace aussi. Comme la littérature.

Répertoire de parution
des articles dans *Le Devoir*

Un guide Michelin sur le Québec   1992-05-14
Récits de voyages et de l'humanité   1991-06-13/1992-05-28
Le plaisir de lire ce qui fait voyager les voyageurs   1991-11-14
Lire en voyageant et vice-versa   1992-07-18
Partir sur des phrases   1992-08-01
L'espace québécois, entre le réel et l'imaginé   1992-11-14

Bibliographie

Atlas of Discovery, Londres, Adlus Books/Jupiter Books, 1973.

BAUDELAIRE, Charles, *Les fleurs du mal et autres poèmes*, Paris, Garnier-Flammarion, 1964.

BLOND, Georges, *Histoire de la flibuste*, Paris, Robert Laffont, 1957.

BOIVIN, Martine, Jean-Marie LUCAS-GIRARDVILLE et Louise MATTHEWS, *Le Tourisme industriel au Québec*, Québec, ministère de l'Industrie, du Commerce et du Tourisme du Québec, 1982.

BOORSTIN, Daniel, *Les Découvreurs*, Paris, Robert Laffont, coll. « Bouquins », 1988.

BRUEMMER, Fred, *L'Arctique circumpolaire*, Montréal, Éditions du Trécarré, 1985.

BUIES, Arthur, *Lettres sur le Canada*, Montréal, L'Étincelle, 1978.

CARON, Louis, *L'Emmitouflé*, Paris, Robert Laffont, 1977.

CAZELAIS, Normand, « Information et tourisme, un alliage difficile ? », *Téoros*, mars 1985.

————, « Le Saint-Laurent, mémoire du pays », *Téoros*, juillet 1987.

————, « Rôle et action des associations touristiques régionales », *Téoros*, mars 1985.

CAZELAIS, Normand et Marc RÉGALLET, « Y a-t-il des destinations tabous ? », *Téoros*, mars 1985.

CENDRARS, Blaise, *Bourlinguer*, Paris, Denoël, 1948.

CLAVEL, Bernard, *L'Espagnol*, Paris, Robert Laffont, 1959.

————, *Celui qui voulait voir la mer*, Paris, Robert Laffont, 1968.

CURVERS, Alexis, *Tempo di Roma*, Paris, Robert Laffont, 1957.

Dictionnaire illustré des merveilles naturelles du monde, Montréal, Sélection du Reader's Digest, 1977.

DUMAS, Alexandre (père), *De Paris à Cadix. Impressions de voyage*, Paris, François Bourrin, 1987.

DURRELL, Lawrence, *Citrons acides*, Paris, Buchet Chatel, 1961.

Earth's Last Frontiers (A History of Discovery and Exploration), Londres, Adlus Books/Jupiter Books, 1973.

ÉDITIONS MICHELIN, *Guide vert du Québec*, Paris, 1992.

Encyclopédie Quid, Paris, Robert Laffont, 1993.

ENGLISH TOURIST BOARD, TOURISM AND THE ENVIRONMENT, *Maintening the Balance*, Londres, 1991.

État du monde 1993, Paris, Boréal/Maspero, 1993.

ÉTIENNE, Gérard, *Un ambassadeur macoute à Montréal*, Montréal, Nouvelle Optique, 1979.

FLAUBERT, Gustave, *Voyages*, Paris, Presses universitaires de France, 1948.

GARCEAU, Henri-Paul, *Chronique de l'hospitalité hôtelière du Québec de 1880 à 1940*, Montréal, Éditions du Méridien, 1990.

GAGNON, Laurence, *Guide touristique de la Gaspésie*, Montréal, Stanké, 1992.

Gîtes du passant au Québec, Montréal, Ulysse, 1992.

GREENE, Graham, *Voyages avec ma tante*, Paris, Robert Laffont, 1969.

GRIGNON, Claude-Henri, *Un homme et son péché*, Montréal, Éditions du Totem, 1933.

GRIMALDI, Francine, *Guide des plaisirs de Montréal*, Montréal, Stanké, 1992.

GUÈVREMONT, Germaine, *Le Survenant*, Montréal, Beauchemin, 1945.

Guide Mounier des chercheurs de Dieu, Paris, Plon, 1992.

HÉBERT, Anne, *Kamouraska*, Paris, Le Seuil, 1970.

HEREDIA, José Maria de, *Les Conquérants*, disque.

LEIGH FERMOR, Patrick, *Courrier des Andes, Chronique nostalgique du pays inca*, Paris, Phébus, 1992.

LIVINGSTONE, J. B., *Higgins mène l'enquête*, Paris, Éditions du Rocher, 1990.

LUSIGNAN, Marie-Lou, « Le musée comme élément du voyage : aperçu historique », *Téoros*, juillet 1992.

MANKOFF, J., *Mankoff's Lusty's Europe — The First All-Purpose European Guide to Sex, Love and Romance*, Viking Press, New York.

MARIQQUE, Dany, « Vers une écologie du tourisme, une nouvelle éthique ? », *Bulletin du Centre international de documentation touristique Georges-Dopagne*, 1988.

MIA ET KLAUS, *Le Québec des grands espaces*, Montréal, Libre Expression, 1991.

——, *Le Saint-Laurent*, Montréal, Libre Expression, 1984

——, *Québec*, Montréal, Libre Expression, 1981.

MINISTÈRE DE L'ENVIRONNEMENT DU QUÉBEC, *Environnement et plein air*, Québec, 1985.

MINISTÈRE DU TOURISME DU QUÉBEC, *Énoncé de politique en matière de tourisme — Des saisons et des gens*, Québec.

——, *Le Tourisme au Québec — Une réalité économique importante*, Québec.

——, *Le Tourisme québécois : histoire d'une industrie*, Québec.

MONTAIGNE, Michel de, *Journal de voyage en Italie*, Paris, Les Belles-Lettres, 1946.

MOUCHARD, Christel, *Aventurières en crinoline*, Paris, Le Seuil, coll. « Points Actuels », 1987.

NADEAU, Roger, « Impact du tourisme de villégiature sur l'environnement », in *Le Tourisme : aspects théoriques et pratiques au Québec*, Montréal, Sodilis, 1982.

NAJM OUD-DINE BAMMATE, *Cités d'Islam*, Paris, Arthaud, 1987.

NEALE, Tom, *Robinson des mers du Sud*, Paris, Arthaud, 1983.

NEWBY, Eric, *Un petit tour dans l'Hindou Kouch*, Paris, Payot, 1989.

PANTIN Valéry, « Musées et tourisme en France — 1970-1992 », *Téoros*, juillet 1992.

PILON, Yves et Claude Bernard, *Répertoire des sentiers de vélo de montagne (34 destinations à vélo au Québec)*, Montréal, Les Éditions Tricycle, 1992.

————, *Une invitation aux plaisirs (25 randonnées à vélo au Québec)*, Montréal, Les Éditions Tricycle, 1992.

REDFERN, Ron, *Corridors of Time*, New York, Times Books, 1980.

SANCHEZ, Thomas, *Kilomètre zéro*, Paris, Robert Laffont, 1989.

SAVARD, Félix-Antoine, *La Minuit*, Montréal, Fides, 1948.

TARD, Louis-Martin, *Guide du Québec*, Paris, hachette, 1990.

TÉOROS, Le Saint-Laurent magnétique, numéro préparé sous la coordination de Normand Cazelais, 1987.

————, *Quand les musées s'ouvrent au tourisme*, numéro préparé sous la coordination de Marc Laplante, juillet 1992.

————, *Tourisme et environnement*, numéro préparé sous la coordination de Normand Cazelais.

THÉRIAULT, Yves, *Aaron*, Montréal, Institut littéraire du Québec, 1954.

TREMBLAY, Michel, *Des nouvelles d'Édouard*, Montréal, Leméac, 1984.

VIAU, Françoise et René VIAU, *Québec 1992*, Montréal, Voyageurs du monde entier, coll. « L'annuel voyageur », 1992.

VLANDINA, Michèle, *Croisières passion*, Paris, L'Archipel, 1992.

Index

Table

Cet ouvrage composé en Times corps 11,5
a été achevé d'imprimer
en avril mil neuf cent quatre-vingt-treize
sur les presses des Ateliers graphiques Marc Veilleux inc.,
Cap-Saint-Ignace (Québec)